O BAZAR ATÔMICO

WILLIAM LANGEWIESCHE

O bazar atômico
A escalada do pobrerio nuclear

Tradução
José Viegas

Copyright © 2007 by William Langewiesche

Título original
The atomic bazaar — The rise of the nuclear poor

Capa
Kiko Farkas/ Máquina Estúdio
Elisa Cardoso/ Máquina Estúdio
Mateus Valadares/ Máquina Estúdio

Imagem da capa
Abbas/Magnum Photos

Imagem da quarta capa
Explosão da bomba nuclear Little Boy, lançada em Hiroshima pelo B-29 *Enola Gay*, em 6 de agosto de 1945. Corbis/ LatinStock

Preparação
Cláudia Cantarin

Revisão
Arlete Sousa
Cecília Ramos

Dados Internacionais de Catalogação na Publicação (CIP)
(Câmara Brasileira do Livro, SP, Brasil)

Langewiesche, William
    O bazar atômico : a escalada do pobrerio nuclear / William Langewiesche ; tradução José Viegas. — São Paulo : Companhia das Letras, 2007.

    Título original: The atomic bazaar : the rise of the nuclear poor
    ISBN 978-85-359-1060-5

    1. Armas nucleares 2. Armas nucleares - Paquistão 3. Não-proliferação nuclear 4. Política mundial - Século 21 I. Título.

07-4887	CDD-355-0217

Índices para catálogo sistemático:
1. Forças nucleares : Ciência militar   355.0217
2. Guerra nuclear : Ciência militar   355.0217

[2007]
Todos os direitos desta edição reservados à
EDITORA SCHWARCZ LTDA.
Rua Bandeira Paulista 702 cj. 32
04532-002 — São Paulo — SP
Telefone (11) 3707-3500
Fax (11) 3707-3501
www.companhiadasletras.com.br

Sumário

1. A vanguarda dos pobres, 7
2. Bombas sem países, 22
3. A ira de Khan, 78
4. O ponto sem retorno, 137

1. A vanguarda dos pobres

Hiroshima foi destruída num piscar de olhos por uma bomba lançada de um avião a hélice B-29 do Corpo de Aviação do Exército dos Estados Unidos, numa manhã de verão, segunda-feira, 6 de agosto de 1945. A bomba não era química, como todas as outras produzidas até então, mas sim atômica, construída para liberar as energias que Einstein descrevera. Era um artefato simples, tubular, que qualquer pessoa poderia hoje construir numa garagem. Volumosa e negra, com cerca de três metros de comprimento, pesava 4400 quilos. Caiu, apontando para baixo, durante 43 segundos, e para alcançar o máximo de efeito nem chegou a tocar o solo. A 580 metros do chão, ela disparou uma massa opaca e cinzenta de urânio altamente enriquecido através de um tubo de aço ao encontro de outra massa do mesmo material refinado, criando assim um combinado de cerca de sessenta quilos de urânio. Proporcionalmente à área da superfície, essa massa era mais do que suficiente para atingir o "estado crítico" e pôr em marcha uma cadeia incontrolável de reações de fissão, durante a qual partículas subatômicas denominadas nêutrons colidem com núcleos de urânio e liberam novos nêutrons, que por sua vez colidem com outros núcleos em um processo rápido de autodestruição. As reações só podiam sustentar-se por um milésimo de segundo e utilizaram integralmente menos de um quilo dos átomos de urânio antes que o calor resultante forçasse a interrupção do processo devido à expansão. O urânio é um dos elementos mais pesados do nosso planeta, quase duas vezes mais pesado do que o chumbo: novecentos gramas dele correspondem a somente três colheres de sopa. Não obstante, a liberação de energia sobre Hiroshima produziu uma força equivalente a 15 mil toneladas (quinze quilotons) de TNT, alcançou temperaturas mais altas do que as existentes no Sol e emitiu impulsos de radiação mortal que viajavam à velocidade da luz. Mais de 150 mil pessoas morreram.

O carrasco foi um piloto comum chamado Paul Tibbets, então com 29 anos e que atualmente vive no estado de Ohio. Ele não concordava com a matança, mas também não se horrorizou com ela: era um técnico de vôo, afastado do morticínio pela altitude e pela velocidade, e protegido por uma cabina pressurizada e aquecida. Naquela manhã o céu estava calmo, sem sinais de inimigos. O B-29 voava a 9500 metros de altitude em ares tranqüilos. Deu uma guinada e subiu quando a bomba se desprendeu e começou a cair. Tibbets manobrou rapidamente a fim de evadir-se e virou a cauda do avião para o local da destruição. Quando a bomba explodiu, já bem atrás e bem abaixo, coloriu o céu com os mais belos tons de azul e cor-de-rosa que o piloto jamais vira. A primeira onda de choque chegou sacudindo a atmosfera e alcançou o avião por trás, causando um forte solavanco, que, segundo o acelerômetro da cabina, chegou a 2,5 g. A sacudida se assemelhava a uma explosão bem próxima de uma bomba antiaérea, ou àquela que ocorre quando um jipe passa por um buraco na estrada. Sobreveio, então, uma segunda onda de choque: um reflexo proveniente do solo, como um eco da primeira e por isso menos intenso. Tibbets sentiu o gosto da saliva na boca. Viu a nuvem que subia sobre Hiroshima e, como seria de esperar, não sentiu pena.

Mas Hiroshima não lhe fez bem. Embora tenha chegado ao posto de brigadeiro na Força Aérea dos Estados Unidos, antes de se tornar presidente de uma companhia de jatos executivos, foi perseguido pelo estigma de ter sido o responsável por tirar a vida de tantas pessoas e passou a mostrar-se irritado ante qualquer insinuação de que cometera um mal. Não seria realista, talvez nem mesmo justo, esperar que ele se arrependesse, porém, com o passar do tempo, foi isso que as elites americanas fizeram — depois de ter confiado a ele o lançamento da bomba. Já aposentado, Tibbets começou a viajar pelo país fazendo palestras para aficionados por guerra e outros reacionários, além de aparecer em eventos aeronáuticos, suponho que com fins de relações públicas. Na década de 1990, envolveu-se furiosamente em uma controvérsia menor a respeito da exibição da parte frontal do seu avião, o *Enola Gay*, pelo Smithsonian Institution, e acusou as elites de manipularem a opinião pública em favor dos próprios interesses. Considerava-se um piloto e um soldado, com o que queria dizer que era um homem simples. Vendia lembranças pela internet, inclusive um modelo da bomba atômica, por quinhentos dólares, na escala de um por doze, muito bem executado e montado sobre uma base de mogno sólido, acompanhado de uma placa autografada. Para os menos endinheirados, oferecia uma folha com 36 selos comemorativos que mostravam um B-29 subindo acima de um cogumelo atômico, com excelentes detalhes da fumaça ebuliente que saía do solo. Tibbets pode ser cabeça-dura, mas pelo menos foi coerente. Quando o escritor Studs Terkel o entrevistou em 2002, onze meses depois dos ataques do 11 de Setembro, ele não lamentou a tristeza da guerra nem refletiu sobre as dificuldades de enfrentar um inimigo que não representa um Estado e defendeu com franqueza uma resposta nuclear. Contra quem: Cabul, Cairo, Meca? E ele disse: "Nós também vamos matar pessoas inocentes, mas nunca lutamos nenhuma guerra em nenhum lugar do mundo sem que eles [queria dizer *nós*] matassem pessoas inocentes. Se pelo menos os jornais parassem com essas baboseiras do tipo 'Vocês mataram tantos civis!'. Falta de sorte deles, de estarem lá na hora".

Tibbets falava por experiência própria e, em um sentido estrito, tinha razão: na verdade faltou sorte a todos os inocentes que morreram sob as suas asas em 1945. Mas aquelas mortes não foram mera casualidade — assim como no caso das vítimas do World Trade Center. O fato é que Hiroshima foi escolhida sobretudo por ser um alvo civil e porque até então havia sido parcialmente poupada dos bombardeios convencionais, preservada que fora para a demonstração o mais dramática possível das conseqüências de um ataque nuclear. Três dias depois, a cidade de Nagasaki foi atingida por um artefato ainda mais potente — uma sofisticada bomba de implosão construída em torno de uma esfera de plutônio, com dez centímetros de diâmetro, que superou o limiar do "estado crítico" determinado pela relação peso/superfície ao ser comprimida com simetria por explosivos cuidadosamente distribuídos. O resultado: uma explosão de 22 quilotons. Embora boa parte da cidade estivesse protegida por colinas, cerca de 70 mil pessoas perderam a vida. Há quem diga que uma explosão sobre o mar, ou mesmo sobre o porto de Tóquio, poderia ter levado os japoneses à rendição com menos perdas de vida — e, se isso não acontecesse, outra bomba já estava pronta. Mas a intenção era aterrorizar ao máximo uma nação e para alcançar tal objetivo não há nada que se compare a um ataque nuclear à população civil.

É pena, mas esse é o mundo em que vivemos. E as cidades são alvos fáceis. Elas são inflamáveis, densas e frágeis. Isso é válido para Nova York, com todo o seu concreto e aço de alta qualidade, e igualmente para os novos conglomerados urbanos da Ásia. Além disso, há diferenças significativas na dinâmica das explosões nucleares, que dependem fortemente do tamanho da explosão e da altitude em que ela ocorre. Uma bomba do porte da de Hiroshima que explodisse no nível da rua na Times Square destroçaria a parte central de Manhattan e produziria uma nuvem de fragmentos radioativos que, depois de levados pelo vento, poderiam pousar, por exemplo, em muitas áreas do Queens. Para efeito de comparação, na Coréia do Norte, uma bomba do mesmo porte que fosse detonada oitocentos metros acima de Seul causaria mais destruição mas menos contaminação radioativa. Essas variações, contudo, são simples detalhes quando comparadas ao resultado geral: qualquer cidade atingida por uma bomba nuclear será terrivelmente afetada. E uma bomba com o porte da de Hiroshima está bem ao alcance da capacitação de um bom número de países.

Quando um artefato como esse entra em ignição, a reação nuclear em cadeia dura um milionésimo de segundo. Nesse intervalo, uma emissão letal de nêutrons se espalha em todas as direções, penetrando nas paredes e no corpo das pessoas da vizinhança imediata, mas perdendo energia em algumas centenas de metros, à medida que os nêutrons colidem com as moléculas de ar. Simultaneamente, e durante os segundos que se seguem, um impulso de raios gama, de natureza eletromagnética e similar à luz, mas muito mais potente, voa pela cidade, em níveis perigosos, até uma distância de pouco mais de três quilômetros. Tudo isso já é muito sério — porém se trata apenas do começo. Mesmo combinadas, as duas formas de radiação (conhecidas como radiação inicial) representam apenas 5% da energia liberada pela bomba. Outros 10% são liberados bem depois da detonação, pelos resíduos radioativos que podem cair sobre o solo ou permanecerem em suspenso na atmosfera. No entanto, todo o restante da energia da bomba — 85% do total — transforma-se em onda expansiva e calor. As bombas nucleares do porte da de Hiroshima destroem as cidades esmagando-as e incendiando-as.

Esses efeitos matam praticamente todos os que de qualquer maneira já estariam morrendo em decorrência da radiação aguda e se espalham pelo ambiente, matando muito mais. Eles se iniciam em menos de um milionésimo de segundo, quando o processo de fissão libera enormes quantidades invisíveis de raios X, que, em baixas altitudes, são absorvidos pelo ar em poucos metros. O calor resultante, elevado a dezenas de milhões de graus, aumenta a pressão no interior da bomba, que, ao se vaporizar, a torna milhões de vezes mais alta do que a pressão da atmosfera circundante. Ainda dentro do primeiro milionésimo de segundo, forma-se uma bola de fogo ultrabrilhante que consiste de resíduos gasificados da própria bomba e de ar. A bola de fogo expande-se brutalmente, ao mesmo tempo que toma altura. Nos três segundos subseqüentes à explosão de vinte quilotons, ela alcança o tamanho máximo, de cerca de 460 metros de diâmetro. Se tocar o chão (desde que o ponto de detonação esteja no solo ou a menos de 230 metros de altura), vaporiza não só a terra como todas as estruturas que encontra, e começa a levantar grandes quantidades de poeira e fragmentos, formando uma coluna intensamente radioativa que sobe com extrema violência.

Com as cinzas e o pó, sobem pela coluna centenas de subprodutos da fissão, muitos dos quais são radioativos, mas decaem com tal rapidez que perdem a radioatividade antes de voltar a tocar o solo. Trata-se de uma característica comum da maioria dos produtos da fissão radioativa. Passadas sete horas da detonação, as emissões radioativas chegam somente a 10% do que eram seis horas antes, ou uma hora depois da explosão. Dois dias mais tarde, a radioatividade já terá baixado a apenas um centésimo deste último valor. A perda de radioatividade explica por que as pessoas que vivem na direção para a qual se desloca a nuvem radioativa provavelmente conseguirão escapar, mesmo em uma grande explosão (embora possam experimentar problemas médicos a longo prazo), se não ficarem expostas durante as primeiras horas que se seguem à detonação. É algo difícil para os que não estão especialmente preparados para se proteger e, em conseqüência, muitos ficarão doentes ou morrerão por causa da radiação. Mas a radioatividade residual não é o maior perigo de uma bomba de vinte quilotons.

Voltemos, então, à pequena fração inicial de um segundo. Com o seu crescimento, a bola de fogo torna a irradiar parte da energia sob a forma de dois impulsos térmicos. Os mecanismos que causam esses impulsos têm a ver com as temperaturas intensas e a dinâmica interna da bola de fogo, e certamente o entendimento de como eles se desenvolvem constitui um dos melhores exemplos da frieza analítica subjacente ao conhecimento humano em termos práticos. O primeiro impulso é breve e débil e responde por apenas 1% da radiação térmica da bola de fogo. Consiste de ondas ultravioleta que, a curta distância, podem queimar a pele humana, mas que não ocasionam perigos sérios, exceto para a vista de quem estiver olhando para a direção errada no momento errado. Em compensação, o segundo impulso é gigantesco e responde por toda a força restante da radiação térmica. Dura uma eternidade — talvez uns dois segundos — e consiste sobretudo de luz visível e de emissões em infravermelho. Mesmo em explosões modestas, como a que focalizamos, ele é capaz não só de queimar os olhos e a pele, como também de incendiar os materiais suscetíveis ao fogo e as estruturas de madeira até mais de mil metros além da extensão da bola de fogo.

E então vem o golpe. Ele começa com uma onda de choque, com o surgimento da bola de fogo, e se propaga em todas as direções, a princípio a velocidades supersônicas. Em um décimo de segundo, ele ultrapassa o volume da bola de fogo que se expande e irrompe através da sua superfície. A onda de choque aumenta agudamente a pressão e a temperatura da atmosfera, e continua a expandir-se, agora com a velocidade do som, e seu poder de destruição é enorme. Se a bomba tiver explodido no ar, ocorrem, na verdade, duas ondas de choque — a original e, em seguida, o seu reflexo a partir do solo. Aproximadamente um segundo e um quarto após a detonação, a uns quinhentos metros do ponto em que ela ocorre, a onda de reflexo alcança a onda original e com ela se funde, compondo uma única frente vertical. Se a bomba tiver explodido na rua — em Nova York, por exemplo —, a onda secundária não se forma e a frente da onda de choque viaja unificadamente desde o início. De toda maneira, pode-se dizer que os efeitos são similares. As pessoas conseguem suportar picos de pressão superiores aos gerados pela onda de choque, mas as estruturas em que elas vivem não. Três segundos depois da detonação, a onda de choque está a cerca de mil e quinhentos metros do ponto de partida e, no caso de uma bomba de vinte quilotons, quebra as estruturas com um golpe de pressão de ar e as desloca com ventos centrífugos de até trezentos quilômetros por hora. A violência é tal que os próprios incêndios provocados pelo impulso térmico são apagados. Passados dez segundos da detonação, a onda de choque está a quatro quilômetros de distância e sua força, embora bem menor, ainda é capaz de transformar pedaços de vidro em projéteis, de arrancar as portas dos batentes e de derrubar paredes.

Segue-se um momento de calma.

A bola de fogo já não é visível, mas ainda está extremamente quente e sobe com vigor pela atmosfera. Em conseqüência dessa subida e do vácuo parcial recém-formado pelo deslocamento do ar, os ventos se invertem e dirigem-se para o epicentro a velocidades de até 320 quilômetros por hora, acabando de destruir as estruturas já danificadas que porventura permaneceram em pé. A segunda onda de ventos levanta poeira e fragmentos na base do típico cogumelo que então se forma. A cidade arrasada comporta-se como gravetos no fogo e, por causa de curtos-circuitos ou de vazamentos de gás, seus escombros começam a arder. Dependendo das condições, os incêndios podem espalhar-se e unificar-se, criando o tipo de tempestade de fogo que se viu em Hiroshima, mas não em Nagasaki. De todo modo, a destruição da cidade é completa e, em locais densamente habitados, como Nova York ou Seul — ou Mumbai —, é provável que centenas de milhares de pessoas venham a morrer.

Desde o começo, na década de 1940, os cientistas que desenvolveram esses artefatos se deram conta do potencial existente para a miniaturização física e para uma escalada simultânea do seu poder explosivo, muito além dos 22 quilotons de Nagasaki, além mesmo dos mil quilotons, até a faixa dos multimegatons — o domínio do suicídio global. Também compreenderam que o conhecimento científico envolvido, embora parecesse misterioso aos leigos, já se transformara em um simples problema de engenharia, cuja decifração não poderia ser controlada. Em poucos anos a humanidade enfrentaria o risco de ser aniquilada, e essa era uma realidade objetiva que obrigou aqueles que melhor a compreendiam a expor publicamente os fatos. Nos meses que se seguiram à rendição do Japão, um grupo formado pelos responsáveis pela produção da bomba — que incluía Albert Einstein, Robert Oppenheimer, Niels Bohr, Leo Szilard e outros — criou a Federação dos Cientistas (Atômicos) Americanos [Federation of American (Atomic) Scientists — FAS], com o objetivo de familiarizar os dirigentes políticos e o público dos Estados Unidos com a realidade das armas nucleares. Nessa época, Washington tinha a ilusão de que guardava um grande segredo e de que era possível não só deter a posse exclusiva da bomba como também decidir se a utilizaria ou não. Mas os fundadores da FAS não pensavam assim. Eles argumentavam que, com a destruição de Hiroshima, as duas únicas perguntas que de fato eram importantes tinham sido claramente respondidas: se o artefato podia ser construído e, em caso positivo, se poderia ser utilizado na prática. O esforço de produzir uma bomba atômica — fabricá-la e, sobretudo, desenvolver a produção dos mais de 45 quilos do material nuclear necessário — era um desafio e um risco de nível nacional que só os Estados Unidos poderiam enfrentar num período de guerra, e sem saber se a resposta àquelas perguntas seria afirmativa. No entanto, como Hiroshima demonstrara que a aventura era factível, os cálculos se modificaram e tornou-se óbvio que outras nações poderiam fazer o investimento com a plena certeza de serem bem-sucedidas. Algumas seriam amigas dos Estados Unidos e outras, inimigas. Muitos físicos e engenheiros pelo mundo afora tinham a capacidade de guiá-las durante o processo. A FAS alertou o povo americano em termos simples e claros. Em essência, o alerta era de que em pouco tempo o mundo inteiro disporia de armas nucleares. E mais: não havia segredos nessa matéria e tampouco defesas. A era nuclear havia chegado e não podia ser ignorada.

Algumas das soluções por eles propostas podem soar antiquadas hoje. Albert Einstein, por exemplo, sugeriu a criação de um governo global, composto por pessoas esclarecidas, que contaria com a integração dos diferentes exércitos, inclusive os dos países derrotados, e resultaria do desmantelamento voluntário dos Estados soberanos. Mas o desespero e a coragem dos fundadores da FAS eram superiores à sua ingenuidade. Para eles, se as pessoas em geral soubessem o que eles sabiam a respeito de tais artefatos, estariam de acordo com o apelo para que as guerras cessassem a qualquer preço. Era um apelo singular em favor de uma mudança radical, feito por aqueles que eram os mais destacados em seus campos de ação, o que dava uma idéia do pavor coletivo então reinante.

Era verdade que não havia mais segredo. A proliferação das armas nucleares a outros Estados acelerou-se graças à espionagem, mas não dependia só dela, de modo algum. Todas as novas potências nucleares eram capazes de produzir a bomba por conta própria — tal como alertaram os cientistas americanos. Contudo, a evolução dos fatos revelou-se de difícil previsão, mesmo para pensadores como aqueles. Em poucas palavras, passaram-se mais de seis décadas e o apocalipse previsto ainda não ocorreu. A paz nuclear por fim prevaleceu por todas as razões e desrazões — um equilíbrio que nada tem de esclarecido entre as potências nucleares, que se abstiveram de dar o primeiro golpe não por preceitos morais, e sim pela certeza de uma resposta devastadora. A impossibilidade de defesa, que tanto preocupou os cientistas em 1945, mostrou ser a *verdadeira* defesa, ainda que perigosa por requerer uma escalada mútua. Mas estas são correções mais recentes, feitas acerca das avaliações de homens extraordinariamente competentes, cuja mensagem básica permanece válida até hoje. Mesmo depois de sessenta anos de êxito, o equilíbrio nuclear ainda é uma resposta temporária para uma ameaça permanente. Além disso, os processos de fabricação das bombas nucleares tornaram-se conhecidos em detalhes, o que colocou os arsenais nucleares ao alcance de praticamente todas as nações. E assim que um país faz a escolha, seus rivais seguem o mesmo caminho. Estados Unidos, Rússia, Grã-Bretanha, França, China, Israel, África do Sul, Índia, Paquistão, Coréia do Norte e, em breve, talvez, o Irã. Vinte outros países, pelo menos, estão em condições de fazê-lo. No longo prazo, pouco importa que alguns tenham sido persuadidos a abandonar suas ambições nucleares e que um deles — a África do Sul — tenha deposto as armas. A proliferação nuclear avança aos trancos e barrancos e por vezes retrocede, mas em última análise prossegue. A diplomacia pode ajudar a retardá-la, porém já não consegue paralisar o processo, assim como não pode impedir a passagem do tempo. A nuclearização do mundo já faz parte da condição humana — e isso não vai mudar. O medo que ela produz se mostra perigoso quando nos afasta das avaliações realistas da situação. O risco de uma confrontação total reduziu-se desde o fim da Guerra Fria, entretanto não pode ser ignorado. Ao mesmo tempo, em conseqüência da dissolução da União Soviética, o mundo tornou-se mais fragmentado e complexo, as armas nucleares passaram a ter usos possivelmente mais amplos do que em qualquer momento do passado e novos atores que desafiam as regras do jogo nuclear vão surgindo.

Recentemente eu conversei, em Moscou, com um velho protagonista da Guerra Fria, que sobreviveu ao colapso da União Soviética e hoje ocupa um alto posto da burocracia nuclear da nova Rússia empresarial. Com seu terno de veludo, suas sobrancelhas espessas e sua expressão por vezes carrancuda, ele conservou traços do passado, mas intelectualmente é um homem atualizado. Ele apontou o dedo para mim enquanto acusava os americanos de haver perdido a perspectiva com relação a um Irã nuclear. Queria fazer negócios com o Irã na área nuclear, para a geração de energia elétrica. Queria fazer negócios nucleares com países de todo tipo. E afirmou que, com o reator de um submarino russo, alimentado por urânio altamente enriquecido, poderia iluminar qualquer cidade — com energia elétrica. Propôs um esquema de montagem de reatores em instalações oceânicas que poderiam ser conduzidas a lugares como a Indonésia e retiradas dos locais em caso de revolta. Assim se impediria o desvio de urânio para a fabricação de bombas nativas. Ele não negava que desse modo se poderia facilitar a aquisição de artefatos nucleares por nações inferiores, mas acreditava ser possível manter o controle da situação, ou talvez isso não tivesse muita importância para ele.

Conversamos sobre história. Falando sobre o principal acordo internacional destinado a limitar a proliferação das armas nucleares, ele disse que "o Tratado de Não-Proliferação Nuclear foi produzido pela Rússia e pelos Estados Unidos para lutar contra outros países na resistência à ameaça da proliferação. Estamos falando da década de 1970. Ninguém sabia que a proliferação podia provir dos países árabes, da África e da América do Sul. O tratado tinha como alvo a Alemanha Ocidental e o Japão. Tinha o objetivo de dissuadir os países desenvolvidos de dotar-se de armas nucleares — e funcionou porque esses países aceitaram os guarda-chuvas nucleares dos Estados Unidos e da União Soviética".

Na minha opinião, ele estava forçando a história, mas de todo modo seu argumento era importante. O Tratado de Não-Proliferação Nuclear [Nuclear Non-Proliferation Treaty — NPT] consistia numa tentativa de preservar a exclusividade de um clube de nações armadas originalmente composto por apenas cinco sócios: Grã-Bretanha, China, França, União Soviética e Estados Unidos. Aos outros países o tratado prometia assistência nas pesquisas nucleares e na geração de energia em troca do compromisso de se absterem da posse de armas nucleares. Não se pode dizer que esse arranjo "funcionou", como sustentava o russo, mas ele ajudou a frear todo o processo. Independentemente do tratado, no entanto, mais importantes foram as alianças da Guerra Fria, que, ao oferecer garantias de retaliação, eliminaram a necessidade de defesas nucleares independentes nos países que tomaram partido, ou que foram forçados a fazê-lo. A Suécia abandonou o seu programa de armas nucleares, assim como Taiwan. E não foi por acaso que os primeiros que conseguiram incorporar-se ao clube dos cinco foram a África do Sul e Israel, isto é, Estados dissidentes, e a Índia, formalmente não alinhada. Mas as coisas mudaram. As alianças que sobreviveram à Guerra Fria perderam muito do seu poder e agora oferecem garantias reduzidas de resposta nuclear: o guarda-chuva desgastou-se ou, em muitos casos, simplesmente desapareceu. Em poucas palavras, grande parte do mundo está mais uma vez exposta à atração universal da bomba atômica — o poder rápido, equalizador, gerador de respeito, destrutivo e francamente aterrorizante que os arsenais atômicos independentes podem propiciar.

Em 1946, Robert Oppenheimer resumiu a nossa época com clareza, sem fazer previsões sobre o futuro, apenas descrevendo a tecnologia então disponível. Em um ensaio intitulado "A nova arma", ele escreveu que "os explosivos atômicos aumentam enormemente o poder de destruição por cada dólar gasto e por cada homem-hora empregado; eles subvertem profundamente o precário equilíbrio existente entre o esforço necessário para destruir e a extensão da destruição". E elaborou essa idéia ao escrever que "nenhuma incerteza pode negar o fato de que será extraordinariamente mais barato destruir 2,5 quilômetros quadrados com uma arma atômica do que com qualquer outra arma conhecida. De acordo com as minhas estimativas, o surgimento de tal arma com certeza reduzirá esse custo mais de dez vezes, e, é provável, até mais de cem vezes. A esse respeito, apenas a guerra biológica parece poder competir no que se refere ao mal que cada dólar pode causar".

Em Moscou, o russo continuava com a mesma conversa. Sobre a corrida nuclear entre a União Soviética e os Estados Unidos, ele disse: "Nós sabíamos que aquelas armas nunca poderiam ser usadas, paradoxalmente porque os dois lados tinham tantas delas. Para nós, os arsenais não eram uma riqueza. Eram uma carga que ambos os países tinham de suportar. Mas ao mesmo tempo, do ponto de vista global, a tecnologia nuclear estava ficando mais barata e mais eficiente, e por isso se tornou uma opção para muitos países". Ele se referia tanto à geração de energia elétrica como às bombas, o que é quase a mesma coisa. E completou: "Países não desenvolvidos".

E eu disse: "Como o Irã".

O russo prosseguiu: "Países variados. A tecnologia nuclear

militar transformou-se em um instrumento *especialmente* útil para os mais fracos, por permitir que eles satisfaçam suas ambições sem grandes gastos. Se quiserem intimidar os demais, se quiserem ser respeitados por eles, a maneira mais fácil de conseguir é produzindo armas atômicas. A tecnologia tornou-se tão simples que já não há barreiras técnicas ou fluxo de informações que possam escondê-la. Essa é a realidade que vocês, americanos, têm de compreender".

Eu disse: "Claro".

E prosseguiu: "Se um país tomar a decisão política de tornar-se um Estado nuclearmente armado, ele conseguirá fazê-lo, apesar das sanções ou dos incentivos internacionais. Não é preciso ser rico. Nem mesmo é preciso ser tecnicamente desenvolvido. Pode ser o Paquistão, a Líbia, a Coréia do Norte, o Irã. Pode ser...".

Pode ser a Coréia do Sul, a Turquia, o Egito, a Síria, a Argélia, de novo a África do Sul, o Brasil — a lista dos aspirantes, reais ou potenciais, é longa.

Mas ele buscava um país ainda mais absurdo para colocar na lista. "Pode ser a Hungria", falou por fim.

Em seguida, concluiu: "Em algum ponto, essa mudança ocorreu. As grandes potências ficaram encalacradas com os arsenais que não podem usar, e as armas nucleares tornaram-se a arma dos pobres".

2. Bombas sem países

De um ponto de vista elevado, haverá justiça em um mundo em que os fracos se tornem mais fortes e em que os fortes não tenham outra escolha senão a de acomodar-se. De um ponto de vista prático, contudo, os pobres, por uma série de razões, terão maior probabilidade de dar uso às armas nucleares do que as grandes potências tiveram até aqui, pelo menos desde que os Estados Unidos aterrorizaram o Japão. A possibilidade extrema, e inteiramente real, é de que uma ou duas armas nucleares caiam nas mãos dos novos guerrilheiros sem país, os jihadistas, que não propiciam nenhum dos alvos adequados à retaliação que têm sustentado a paz nuclear — nenhuma instalação permanente de infra-estrutura para proteger, nenhuma cidade capital, nem mesmo um país a que possam chamar de terra natal. O perigo surgiu inicialmente no caos da Rússia pós-soviética, na década de 1990, e assumiu uma forma real depois dos ataques do 11 de Setembro de 2001. A subseqüente campanha de manipulação do medo feita pelo governo dos Estados Unidos é deplorável e trágica: teria sido muito melhor aceitar o risco com sobriedade e examiná-lo de maneira realista do que lançar-se em guerras cegas, restringir as liberdades e o comércio e, em termos gerais, autodestruir-se por antecipação. Todavia, o fato persiste: com tão pouco a perder por causa de uma retaliação nuclear e com tanta necessidade de criar atos cada vez mais dramáticos na sua guerra contra o Ocidente, os jihadistas não hesitariam em detonar um artefato nuclear.

É evidente que eles podem conduzir a guerra de outros modos igualmente espetaculares, com bombardeios de pequena escala, ataques com gases venenosos em locais públicos fechados e ataques biológicos mais complexos. Dentro do domínio nominalmente nuclear, eles podem preferir detonar "bombas sujas", em que se usam explosivos convencionais não para induzir uma reação de fissão, e sim para espalhar material radioativo comum e detectável em um bairro qualquer e causar histeria pública — principalmente em sociedades nas quais fumar cigarros em público é considerado uma ameaça. As bombas sujas seriam apenas um incômodo se as pessoas fossem capazes de manter a calma. Mas é claro que isso não é possível. A efetividade potencial de um artefato como o mencionado ficou em grande evidência com o clamor em torno do perigo representado pela poeira na área do World Trade Center e voltou a mostrar sua força mais recentemente, com a reação de ira contra a tentativa feita por um órgão do governo americano de identificar o limiar de radiação aceitável para que uma área possa ser de novo habitada após um ataque com bomba suja. Tal ultraje deve ter sido percebido pelas pessoas que fazem diferença. Além disso, elas devem saber que, mesmo nos próprios Estados Unidos, existem enormes quantidades de material não físsil, mas altamente radioativo dentro de máquinas, sobretudo em hospitais e instalações industriais, e que essas máquinas, devido ao seu alto valor, são ocasionalmente roubadas e revendidas. Na verdade, só nos Estados Unidos ocorrem centenas de roubos de material radioativo a cada ano. Diante do fato de que até agora nenhuma bomba suja foi montada e usada, os analistas dão diversas explicações, e o fazem acima de tudo para não ter que erguer as mãos para o céu.

Uma bomba atômica de verdade — um artefato de fissão similar ao que destruiu Hiroshima — é uma arma inteiramente diferente, muito mais difícil de conseguir ou de produzir, porém enormemente mais efetiva se posta em uso. Além da destruição imediata que seria causada pela explosão, as duradouras reações aos ataques do 11 de Setembro dão uma indicação clara e simples da substancial autoflagelação que sobreviria. Nas capitais do Ocidente vivem hoje pessoas tranquilas e sérias, capazes de reconhecer a baixa probabilidade de um ataque assim vir a ocorrer; no entanto, não deixam de se preocupar com a possibilidade de a utilização de uma única bomba atômica neutralizar a ordem estabelecida — ou mesmo acabar por completo com ela.

Se você fosse um terrorista com o propósito de realizar um ataque nuclear, não poderia confiar na probabilidade de conseguir um artefato já existente. Eles são guardados como as peças de um tesouro, em instalações fortificadas e vigiadas por tropas de elite. Seria extremamente difícil arrebatá-los ou comprá-los. Alguns relatórios sugerem o contrário, em especial devido a rumores a respeito da penetração do crime organizado nas forças nucleares russas e das bombas portáteis — as chamadas "bombas de maleta" —, que teriam sido produzidas para a KGB no final das décadas de 1970 e 1980, e mais tarde perdidas no mercado negro com o subsequente colapso da União Soviética. A existência das bombas de maleta nunca foi comprovada e tampouco se verificou um caso que fosse, em lugar algum, de roubo de qualquer tipo de arma nuclear. Eles podem até ter ocorrido, em particular durante o caos reinante nos meados da década de 1990, entretanto as armas nucleares requerem manutenção constante e qualquer bomba ainda hoje no mercado estaria transformada em cacareco. Por outro lado, como essas limitações temporais são bem conhecidas, a própria ausência de um ataque nuclear terrorista até aqui é indício de que nada de útil foi efetivamente roubado. De todo modo, mesmo que o vendedor fosse capaz de arranjar um artefato em condições de funcionamento, as armas nucleares, na Rússia e em outros Estados avançados, são protegidas por travas eletrônicas que impediriam praticamente qualquer tentativa de deflagrar uma explosão. É claro que é possível dirigir-se a um país em que as normas de proteção vigentes sejam menos rigorosas, mas nenhum governo é negligente com o seu arsenal nuclear nem se atreveria a dar a impressão de estar usando terceiros para fazer guerras nucleares. Mesmo os dirigentes militares do Paquistão, que tantas vezes demonstraram o desejo de vender tecnologia nuclear militar ao exterior, hesitariam em permitir o desvio de uma bomba já manufaturada — inclusive pela convicção de que, após a explosão, as pistas seriam seguidas e eles seriam responsabilizados. As mesmas circunstâncias funcionam também como fatores impeditivos nos casos da Coréia do Norte e do Irã.

Se você fosse um terrorista, todas essas coisas o fariam parar para pensar. Seria preciso saber distinguir entre as suas próprias necessidades como guerrilheiro apátrida e as dos proliferadores governamentais convencionais. Mesmo para os mais recentes dentre os Estados nuclearmente armados — como o Paquistão e a Coréia do Norte —, é reduzida a utilidade de apenas uma ou duas bombas. Para desenvolver uma capacidade convincente de contra-ataque e dissuasão, ou mesmo apenas para exibir a musculatura nuclear, o arsenal tem de ser significativo, passível de ser renovado, melhorado e aumentado no transcurso do tempo. Isso, por sua vez, requer a construção de instalações industriais de grande escala para produzir o combustível nuclear, que não pode ser comprado em quantidades suficientes no mercado negro internacional, a

com uma pequena massa de urânio altamente enriquecido embaixo do travesseiro, nada acontecerá. Contudo, ele fez uma advertência: não se pode acumulá-lo sem maiores cuidados porque os átomos de U-235 se desintegram ocasional e espontaneamente e, ao fazê-lo, emitem nêutrons que, uma vez em meio à massa suficiente de material, poderiam causar a desintegração de outros átomos, de modo a provocar uma reação em cadeia. Esta não chegaria às proporções de uma explosão nuclear com fins militares, mas sem dúvida poderia liberar energia suficiente para destruir alguns quarteirões de uma cidade.

O escritório desse físico ficava perto da Casa Branca, em Washington, D.C., e eu lhe perguntei se ele não se preocupava com o fato de que passar informações para terroristas poderia resultar num ataque a ele próprio, sua mulher e seus vizinhos. Ele visivelmente apelou para a sua paciência e disse, em uma paráfrase, que isso era coisa de escoteiro interessado em ganhar medalhas. Prosseguimos nossa conversa. Ele revelou que a massa crítica do urânio é inversamente proporcional ao nível do enriquecimento e que isso é válido para qualquer forma física, embora a forma esférica seja a ideal. Em teores baixos de enriquecimento, da ordem de 20%, seria necessário combinar quase uma tonelada de urânio altamente enriquecido para o material entrar em ignição espontânea. Em teores elevados, como o enriquecimento "em nível militar", de 90% ou mais, menos de cinqüenta quilos seriam suficientes.

Mencionei que, independentemente do nível específico de enriquecimento e da forma do material, o urânio altamente enriquecido que um terrorista pode adquirir teria, por definição, que estar dividido em unidades menores do que a massa crítica. Pedi ao físico que imaginasse a aquisição, por um terrorista, de dois tijolos de urânio enriquecido em nível militar, cada tijolo pesando pouco mais de vinte quilos: a que distância eles devem ser mantidos separados? O físico sugeriu que um metro seria suficiente. Eu havia acabado de chegar a Washington, regressando de uma viagem às montanhas remotas que compõem a fronteira entre a Turquia e o Irã, pela qual todas as noites passam centenas de cavalos carregados por contrabandistas curdos com combustível barato para os automóveis turcos e o ópio da Ásia Central destinado ao mercado europeu de heroína. É como uma "rota da seda" revivida e um dos principais itinerários potenciais para a movimentação de urânio roubado. Pensando nesses aspectos práticos, perguntei ao físico se, com base no que ele dissera, uma pessoa poderia colocar os dois tijolos sobre a sela de um cavalo, um de cada lado.

Ele respondeu: "Sim, poderia colocar um de cada lado" — e hesitou. "Mas qual será o efeito moderador do cavalo?"

Eu não tinha idéia.

Ele lembrou que os cavalos são feitos basicamente de água, e que a água desacelera o movimento dos elétrons, o que, com efeito, diminui a massa requerida para uma reação em cadeia. Portanto, comentou o físico, trata-se de um material que tem as suas peculiaridades. "Veja bem: se alguém é suficientemente esperto para chegar à fonte e conseguir esses dois lingotes do metal, também conseguirá negociar um segundo cavalo."

Mas provavelmente o mais indicado nesse caso não é ir a lugares escondidos, negociar transporte ou passar noites contratando camponeses e ludibriando as patrulhas de fronteira no frio da noite das montanhas. Nessa aventura, cada movimento e cada nova elaboração aumentam a chance de que algo dê errado. Além disso, a julgar pelos informes que já se escreveram sobre um mercado negro global de materiais físseis, poderia ser melhor ficar na periferia — de preferência na encantadora cidade de Istambul — e, com um risco relativamente pequeno, esperar que o urânio chegue até você.

Não é fácil compor um quadro claro nesta questão. Desde o desmembramento da União Soviética, a Agência Internacional de Energia Atômica [International Atomic Energy Agency — IAEA] relatou dezessete casos oficialmente declarados de tráfico de plutônio ou de urânio altamente enriquecido, em geral de origem russa. Não há dúvida de que essa conta é subestimada, embora não tanto quanto se costuma propalar. O auge da atividade ocorreu no início e nos meados da década de 1990, e parecia destinar-se a uma rede meio imaginária de vendedores de armas na Europa Central e Ocidental. Os incidentes relatados desapareceram por alguns anos, mas voltaram à baila em 1998 e continuam intermitentemente até hoje. Ao mesmo tempo, parece ter havido mudanças nas rotas de contrabando, que saíram da Europa Ocidental e passaram para regiões do Cáucaso meridional (Geórgia, Azerbaijão, Armênia, talvez Irã) em direção à Turquia. A Turquia é o grande bazar do mundo e, devido à sua posição geográfica, aberta ao Oriente Médio, não chega a ser surpreendente que nos anos mais recentes os interessados tenham procurado vender aí seus produtos nucleares. Um banco de dados da Universidade de Salzburgo (no passado dirigido pela Universidade de Stanford), que afirma cobrir globalmente esse tipo de atividades desde 1993, enumera pelo menos vinte incidentes só na vizinhança de Istambul. No entanto, esse banco de dados (como ocorre com a maior parte das matérias que se publicam sobre o assunto) inclui interceptações de todo tipo de material nuclear, o que exagera a capacidade do mercado de satisfazer as necessidades de um produtor de bombas. Não obstante os militares se contentarem com menos, você, como fabricante de bombas neófito, precisará de pelo menos 45 quilos de urânio altamente enriquecido a 90% ou mais. É verdade que se pode usar material enriquecido a 60%, mas em compensação seria necessária uma massa correspondentemente maior para se poder trabalhar. Qualquer nível menor de enriquecimento não serviria para nada.

Com efeito, o mercado — em Istambul ou em qualquer outro lugar — parece nunca ter produzido os materiais requeridos. O caso mais perigoso que encontrei nas minhas pesquisas data de 1998, quando agentes da Agência Federal de Segurança da Rússia (a antiga KGB, atual FSB) prenderam funcionários que estavam tramando roubar vinte quilos de urânio altamente enriquecido de uma das cidades secretas próximas a Chelyabinsk, a leste dos Urais. Nunca se revelou o nível de enriquecimento — omissão que faz pensar que o urânio pode bem ter sido de teor militar. Porém, mesmo nesse caso, o produto correspondia no máximo a menos da metade do que um terrorista necessitaria.

É evidente que nós não sabemos o que é que não sabemos, como sempre nos fazem recordar. As outras interceptações, contudo, foram situações menores, em que houve o flagrante de roubo de sobras de material, as quais muitas vezes não chegam à marca dos 20%. Uma vez, em Ancara, eu perguntei a um israelense que está metido nessa luta com que pretexto as pessoas tentam vender essas bugigangas inúteis — apresentando-as como amostras? Ele respondeu que sim, mas em todos os casos que conhecia havia trapaças, em geral toscas, e acrescentou que os vendedores eram uns pobres biscateiros e tolos. Perguntei se para ele isso funcionava como uma regra, a que o israelense respondeu que se tratava mais de uma questão de seleção natural. Ele pediu que eu atentasse para o caráter desequilibrado nesse mercado específico de atuação. No mundo inteiro deve haver talvez uns vinte clientes sérios interessados em uma bomba atômica. Que tipo de pessoa, tendo adquirido parte desse combustível, vai para Istambul na esperança de encontrar algum cliente? Que tipo de pessoa, tendo adquirido ainda menos, vai para lá com a expectativa de fazer alguma trapaça nuclear? Pense também em como operar na prática. Como anunciar a possibilidade da venda? De boca em boca? Por meio do amigo do amigo? Onde fazê-lo? Num banco de rua que dá para o Bósforo, num parque, no café de uma rodoviária? Estamos no verão? Estamos no inverno? O carro de alguém enguiçou? Esses detalhes são importantes. Qual o tipo de negócio em que normalmente o amigo está envolvido? Pode-se confiar em que ele vai ficar calmo e de boca fechada? E como é que ele vai saber quem são as pessoas que importam? Qual será a ligação entre os bandidos e os guerrilheiros globais que têm petróleo? O submundo em que vivem será tão fechado? Será que esse submundo existe mesmo? Não espanta que esses traficantes sejam apanhados pelos turcos. Do ponto de vista distante dos Estados Unidos — entre professores e nos círculos políticos de Washington —, essas prisões parecem significar a existência de um tráfico perigoso, mas aqui, junto do bazar, elas só ajudam a dar a sensação de que até Tel Aviv continua segura. Pelo menos foi isso o que o israelense me disse.

Para um fabricante de bombas sério, os informes sobre "bombas soltas" soam como conversa fiada. Apesar dos riscos envolvidos, o material físsil tem de ser obtido na fonte, e preferencialmente todo de uma vez. Isso requer viagens. A julgar pelo que já foi escrito, um dos primeiros desafios de caráter prático é a própria variedade das escolhas disponíveis. Existem, por exemplo, mais de cem reatores civis de pesquisa em todo o mundo, alimentados por várias toneladas de urânio altamente enriquecido passível de utilização militar, não raro em instalações universitárias, onde a segurança costuma ser mais leve. Se aprofundarmos a leitura, entretanto, veremos que pouco desse urânio altamente enriquecido (que em geral não passa de uns poucos quilos em cada lugar) é constituído por combustível fresco, do tipo que se presta a ser manipulado. O restante ou está sendo cozido no interior dos reatores ou está estocado em formas irradiadas que, em diferentes graus, se tornam perigosamente radioativas. Alguns observadores sugerem que depois dos ataques do 11 de Setembro os padrões se modificaram e a elegante idéia de que os materiais se autoprotegem já não se aplica, uma vez que os ladrões nucleares podem ser suicidas. Isso é verdade, mas atos similares de auto-sacrifício também seriam necessários por parte de mártires mais improváveis, em toda a linha do procedimento, como entre os trabalhadores aos quais caberia a montagem da bomba com urânio irradiado, e os riscos de detecção seriam, portanto, correspondentemente maiores. Em linguagem simples, do ponto de vista de um fabricante de bombas o melhor é evitar o material realmente quente, ainda mais porque existem alternativas.

Acontece que o mundo está cheio de urânio altamente enriquecido fresco, seguro e propício para uso — uma acumulação global (além das 30 mil ogivas nucleares existentes) que está dispersa em centenas de locais e dividida em volumes necessariamente subcríticos e facilmente transportáveis. Essa acumulação supera mil toneladas métricas, embora não se saiba bem a quantidade efetiva, porque os governos mantêm os números em segredo e, em alguns casos, podem ter apenas uma idéia muito aproximada dos seus estoques. Mil toneladas métricas são 1 milhão de quilos, e isso é muita coisa quando se pensa que cinqüenta quilos bastam. A questão prática é como consegui-los. Também nesse caso as publicações oferecem alguma orientação. Apesar de quase todo o urânio altamente enriquecido estar sob algum tipo de vigilância, é possível adquiri-lo em muitos países — e a Rússia é provavelmente o lugar mais adequado.

Em 1991, a recém-surgida Rússia pós-soviética herdou uma ampla indústria nuclear estatal que havia prestado serviços em todo o espectro das atividades nucleares, inclusive na medicina, na geração de energia e na propulsão naval — assim como o maior arsenal de armas nucleares do mundo e, quase que por coincidência, o maior estoque mundial de excedentes de plutônio e urânio altamente enriquecido, seiscentas toneladas métricas espalhadas em diversos lugares. As instalações físicas consistiam de várias dezenas de locais de pesquisa, produção e estocagem, e, sobretudo, de dez cidades nucleares muradas e guardadas, com quase 1 milhão de habitantes vivendo nelas, mas tão secretas que nem sequer apareciam nos mapas soviéticos. No interior dessas cidades, as pessoas desfrutaram durante décadas de um nível de vida bem superior à média da União Soviética. Mas no início da década de 1990, a indústria já estava obsoleta, incapaz de adaptar-se à nova economia da Rússia e em franca decadência. Os prédios careciam de reparos e a moral dos trabalhadores era baixa porque os salários ou eram minguados ou não eram pagos em dia. Pior, os estoques nucleares estavam sendo negligenciados. Circulavam histórias de guardas que abandonavam seus postos para buscar o que comer e de galpões com suprimentos de urânio altamente enriquecido, capazes de destruir o mundo, que estavam protegidos apenas por cadeados. A pergunta que se faz agora, quinze anos depois, é por que os terroristas e os criminosos não aproveitaram a ocasião. Uma explicação: eles eram ignorantes, incompetentes e desatentos. Outra: as defesas não eram assim tão fracas quanto pareciam.

De todo modo, o governo dos Estados Unidos reagiu rapidamente à percepção do caos e à oportunidade que se abria para os assuntos nucleares pós-soviéticos e lançou, em 1993, um conjunto ambicioso de programas de "cooperação" com todos os antigos Estados soviéticos com o objetivo de diminuir a possibilidade de que as armas nucleares caíssem em mãos erradas. Os programas tornaram-se a parte fundamental da ajuda americana à Rússia e já alcançaram vários bilhões de dólares. Existe um inegável ar de favorecimento aqui — em que os contribuintes norte-americanos pagam os russos para que eles, por favor, não os assustem —, mas, dentro do espírito de prodigalidade dos gastos governamentais nos Estados Unidos, o dinheiro foi bem empregado.

Houve dois esforços principais. O primeiro, administrado pelo Departamento de Defesa norte-americano, concentrou-se em fazer com que a Rússia consolidasse, protegesse e, até certo ponto, destruísse ogivas nucleares, assim como mísseis, aviões e submarinos que os transportavam. Os mesmos programas de cooperação facilitaram a espetacular desnuclearização dos demais Estados soviéticos. Digno de nota foi o que aconteceu com o Casaquistão, que recebeu assistência para abandonar toda a sua força de 1400 ogivas estratégicas e 104 mísseis balísticos intercontinentais — um arsenal que lhe dava a condição de terceira maior potência nuclear do planeta. A desnuclearização do Casaquistão foi uma importante vitória para os governos da Rússia e dos Estados Unidos e foi acompanhada por outras similares a ela.

Essas manobras, porém, eram iniciativas de atores convencionais, que seguiam a lógica familiar do ataque e do contra-ataque. Em comparação a elas, a percepção da vulnerabilidade do combustível nuclear na antiga União Soviética expunha os Estados Unidos a uma selva de incógnitas. Prover segurança aos estoques foi o segundo esforço de cooperação, e esse trabalho coube sobretudo ao Departamento de Energia dos Estados Unidos, atribuído especificamente a oficiais que tinham experiência na administração da infra-estrutura das armas nucleares norte-americanas. Formou-se um grupo e, por fim, uma agência semi-autônoma com o nome de Administração Nacional da Segurança Nuclear [National Nuclear Security Administration — NNSA].

A NNSA envia gerentes de Washington e técnicos dos laboratórios federais norte-americanos para supervisionar funcionários estrangeiros e controlar o uso que está sendo feito dos fundos enviados pelos Estados Unidos. O orçamento é grande: só para a não-proliferação, em 2007, a NNSA recebeu 1,7 bilhão de dólares. Cerca de metade desse valor destina-se a cobrir despesas administrativas americanas, mas o restante é gasto diretamente no reforço das salvaguardas nucleares nos ex-Estados soviéticos. O trabalho envolve o esvaziamento dos locais menores e mais vulneráveis de armazenagem de urânio altamente enriquecido e plutônio, o aperfeiçoamento da segurança física e operacional dos locais maiores, a melhoria da segurança no transporte rodoviário e ferroviário, o fortalecimento dos regulamentos nucleares e a informatização dos sistemas de contagem do material com o objetivo de revelar com rapidez qualquer perda que venha a ocorrer. Além disso, trabalha-se no fechamento de alguns reatores, na eliminação de material físsil e em valentes tentativas de inventar ocupações alternativas para cientistas e técnicos desempregados nas cidades secretas — esforço que em geral significa apenas fazer "doações". Essas tarefas já foram praticamente concluídas nas ex-repúblicas soviéticas — êxito que se relaciona diretamente com o abandono das armas nucleares. Mas é claro que o esforço central se dá na Rússia, onde, pela razão oposta, muito trabalho ainda está por ser feito.

Recentemente em Moscou, um funcionário nuclear russo reclamou comigo a respeito do volume do financiamento vindo dos Estados Unidos que é consumido pela própria burocracia americana. Ele disse: "Eles mandam um número enorme de gente porque pensam que queremos enganá-los. Não nos importamos com isso, mas é uma pena que mais da metade dessa ajuda acabe por ficar por lá mesmo, o que nos deixa nervosos. É desagradável". Eu respondi que ele não devia se preocupar com a ineficiência de Washington e que menos da metade de 1,7 bilhão de dólares por ano continua a ser muito dinheiro. Ele deu uma risadinha, mas, considerando o tamanho dos estoques nucleares da Rússia, não concordou com meu argumento. Os agentes da NNSA que estão na linha de frente ficariam do seu lado. Normalmente eles são técnicos dedicados, que não vêem a hora de derramar concreto e terminar logo o trabalho. Seus impulsos se concentram principalmente em uma área chamada Contabilidade e Controle da Proteção do Material [Material Protection Control and Accounting], afetuosamente conhecida na NNSA como MPC&A. Em síntese, isso significa trancafiar os materiais físseis. Ao longo dos anos, a NNSA identificou 220 instalações em 52 locais da Rússia que necessitam de tratamento urgente. O trabalho a fazer é grande e, em conseqüência, há, na verdade, dois tratamentos. O primeiro consiste em uma medida provisória denominada melhora rápida. Implica colocar tijolos nas janelas dos depósitos, instalar ferrolhos mais seguros, consertar as cercas e talvez contratar mais seguranças. O segundo, de longo prazo, chama-se melhora ampla. Envolve toda a gama das defesas americanizadas, com cercas à prova de impactos, edifícios à prova de bombas, câmeras e sensores eletrônicos, controles de estoque com código de barras, ferrolhos aperfeiçoados, seguranças motivados e bem armados, e todo tipo de procedimentos com dupla e tripla garantia.

Essas estruturas são complexas e requerem cuidado constante. Agentes da NNSA já perceberam que os russos não têm compromisso com sua conservação e operação, e alguns, em particular, se queixaram de que, tão logo termine o financiamento dos Estados Unidos, os sofisticados sistemas de MPC&A começarão a sofrer por falta de reparos. Apesar disso, dentro de alguns anos a NNSA deve levar o programa a cabo, usar todo o financiamento e entregar aos russos todos os aperfeiçoamentos de segurança instalados. Observadores experientes não crêem que o cronograma possa ser mantido. Afirmam, por exemplo, que um terço dos edifícios identificados ainda precisa de proteção, que esses prédios contêm a metade de todo o estoque russo de material físsil e se encontram em alguns dos lugares mais sensíveis do país — áreas no interior das cidades fechadas, onde as ogivas são montadas e onde os representantes da NNSA, que nunca foram bem recebidos, são cada vez com mais freqüência vistos como intrusos e espiões. A NNSA insiste em que terminará o trabalho sem estourar o orçamento e no tempo previsto. Realistas ou não, ou mesmo desejáveis ou não, tais planos repre-

foram liquidados, onde o piloto americano do avião U-2, Gary Powers, foi derrubado, e onde Boris Ieltsin começou sua carreira. O metrô tem uma linha só, e o lugar conta com um centro pequeno e alguns hotéis. Em poucas horas de carro, um visitante suficientemente discreto pode chegar aos muros e cercas de cinco das dez cidades nucleares fechadas da Rússia. Primordialmente locais de produção, contêm todo tipo de produtos nucleares, inclusive ogivas em vários estágios de montagem e centenas de toneladas de excelente material físsil, grande parte do qual de puro teor militar. Esses materiais nunca foram expostos. Dentro das cidades nucleares, eles permanecem trancados a sete chaves. Essas cidades e os demais locais de defesa próximos a elas são tão sensíveis que a região como um todo, inclusive Ekaterinburg, estava vedada aos forasteiros nos tempos soviéticos. Como a própria União Soviética era fechada e compartimentalizada, as cidades nucleares eram envolvidas por linhas concêntricas de defesas, com fortalezas dentro de fortalezas, como as bonecas matrioskas. Defesas ainda mais densas existiam na mente dos residentes. Esperava-se dos bons cidadãos que dessem informações sobre seus vizinhos, assim como eles próprios esperavam ser informados a respeito, de modo que todos confiassem nesse gulag que mantinha a população na linha.

Um dos gerentes de produção russos, em um inglês com forte sotaque, descreveu a situação vivida naqueles anos: "Todo o material nuclear era secreto. Segredo *de Estado*! Quem roubasse material nuclear na União Soviética cometia um crime contra o Estado e se transformava em criminoso em grau máximo, um inimigo do Estado! Havia medo. Medo de verdade. As pessoas que trabalhavam na esfera nuclear estavam sempre assustadas. Se alguma coisa desaparecia de algum lugar — um papel, algum material, ou se as contas do plutônio não fechassem —, a pessoa sabia que seria exilada para sempre". Ele hesitava no uso das palavras. "Mas quando ocorreu esta... *mudança*, é claro que as pessoas sentiram mais... *liberdade*, eu diria."

Ou um tipo diferente de medo. Mesmo hoje, com o caos pós-soviético já no passado, os habitantes das cidades nucleares crêem que os muros do perímetro servem mais para manter ao largo o populacho de Ekaterinburg. Não foi isso, contudo, que o gerente quis dizer. Ele usou a palavra *liberdade* para os ouvidos americanos e desenvolveu um argumento comum em favor do aumento da ajuda estrangeira. Falando das melhorias que ainda estão por ser feitas na sua unidade de produção, ele prosseguiu: "É um processo muito lento, esse de integrar a nova cultura na nossa sociedade, de trocar o medo pelo entendimento. Pode-se dizer que a proteção física na Rússia estava baseada amplamente em fatores humanos e muito pouco em aspectos técnicos. E nos Estados Unidos era o contrário". Ele parou para pensar e disse: "*Da*". E então finalizou: "Mas com a liberdade na Rússia, todo o planejamento teve de ser alterado".

Os americanos estão totalmente de acordo. As cidades fechadas e as instalações nucleares à volta de Ekaterinburg receberam parte significativa dos dólares que os americanos gastam com melhoramentos da segurança na Rússia, mas não deixaram de ser fonte de constante preocupação na NNSA e mais ainda no entender dos críticos independentes dos Estados Unidos, que insistem em que elas continuam fortemente vulneráveis a roubos por parte de terroristas. Veja-se, por exemplo, a cidade fechada de Ozersk, de 85 mil habitantes, cuja existência era tão protegida no tempo soviético que nem mesmo tinha nome próprio, apenas um código postal — primeiro nº 40, depois nº 65 — de Chelyabinsk, cidade aberta a setenta quilômetros de distância. A nomenclatura permanece confusa. Muitas vezes Ozersk é equivocadamente chamada de Mayak, por causa da localização da sua produção nuclear — um bairro industrial que tem esse nome e fica dentro do perímetro da

sia a competição é grande. A fonte da contaminação está nas instalações produtivas de Mayak, que, desde a ativação do primeiro reator, em 1948, derramam, jogam, descarregam, queimam, escoam e fazem chover detritos radioativos nas florestas, rios, lagos e cidades que estão à volta. Os moradores tiveram que abandonar as terras às margens do rio Tetcha, cujas águas permanecem envenenadas por 160 quilômetros rio abaixo. Ali e em outros lugares da vizinhança, dezenas de milhares de pessoas sofrem, em conseqüência da exposição, o que os médicos soviéticos diagnosticaram como uma nova enfermidade — a chamada doença crônica de radiação. Os sintomas iniciais incluem cansaço, fraqueza, insônia, dor de cabeça, tontura, náusea, perda de memória e dores. Em razão da segurança do Estado, os médicos não podiam explicitar a doença aos pacientes nem fazer referências à radiação nos relatórios médicos. A enfermidade passou a chamar-se síndrome asteno-vegetativa, ou simplesmente doença especial. As pessoas já tinham uma idéia da coisa, mas foi preciso esperar o colapso da União Soviética para que os arquivos fossem liberados e os detalhes se tornassem conhecidos. Em meados da década de 1990, o governo da Noruega financiou um estudo abrangente, fundamentalmente devido à preocupação de que quantidades perigosas de detritos radioativos provenientes de Ozersk pudessem chegar, através dos rios, ao oceano Ártico. Em 1997, concluiu-se que a contaminação era pior do que se imaginava, que as instalações de Mayak lançaram no ambiente uma quantidade de radiações perigosas duas vezes maior do que Chernobyl e mais a soma de todos os testes nucleares atmosféricos já realizados até então, e que bolsões subterrâneos de radiação estavam migrando dos depósitos de resíduos de Mayak.

    As organizações ambientais internacionais reagiram com furor, enviaram investigadores para levantar os casos de câncer e de mutações genéticas trágicas, e montaram algumas campanhas de publicidade. Mas o trabalho de limpeza seria inimaginavelmente caro e talvez impossível. Além disso, a Rússia, embora já não seja a União Soviética, mostra pouca devoção aos ideais da Perestróica nos seus sítios nucleares — e nenhuma paciência com missionários e cruzados. É uma situação que certas pessoas consideram difícil de aceitar. Em 2004, por exemplo, um grupo de ambientalistas e sociólogos russos autodenominado Planeta da Esperança pediu permissão para conduzir, dentro de Ozersk, uma pesquisa de opinião sobre problemas ecológicos e sociais, sobre a transparência do governo municipal e sobre quaisquer violações dos "direitos humanos". As autoridades não acharam graça. Negaram o pedido e acusaram de espionagem o pesquisador principal. A acusação foi logo retirada, porém um dos órgãos de imprensa fiéis ao governo, o *Komsomolskaya Pravda*, de grande circulação, publicou em seguida um artigo que a ratificava e afirmava que o grupo recebera dinheiro dos seus "amigos da CIA". Os ativistas sentiram-se evidentemente ultrajados e ameaçaram abrir um processo. No entanto, o trabalho fora de fato financiado por um sombrio grupo americano — não a CIA, mas um remanescente da era Reagan, denominado National Endowment for Democracy, que faz agitações em favor dos interesses norte-americanos no exterior e provavelmente tem vínculos com os serviços de inteligência.

Tudo isso traz à baila a seguinte questão: o que é que se queria aferir com a pesquisa de opinião em Ozersk? E por que o governo russo teria se sentido incomodado com uma espionagem tão menor? Talvez tenhamos aí simples atitudes reacionárias, mas o ataque ao Planeta da Esperança parece ter pouco a ver com constrangimento ou medo, ou mesmo com a proteção de segredos nucleares. Na verdade, foi uma parábola pública, na qual um grupo ativista "não-governamental" representa a arrogância de estrangeiros enxeridos e a acusação de espionagem é usada como reafirmação do orgulho russo. Entre os russos comuns, inclusive os moradores das cidades contaminadas no entorno de Ozersk, a história é bem aceita. É isso que o visitante fabricador de bombas precisa saber. É paradoxal, mas ao que parece verdadeiro, que as mesmas pessoas que sofreram por viver próximas a um local de produção nuclear e por não terem sido adequadamente recompensadas estejam dispostas a deixar de lado seus problemas para voltar-se contra os agitadores que surgem na região atrás dos resíduos radioativos. Essa atitude reforça a dos funcionários locais, em especial a dos agentes da FSB, o que por sua vez explica por que a contaminação local se torna importante mesmo para um visitante que não esteja preocupado com o ambiente. Ainda em Washington fui alertado, para a minha própria segurança, sobre a importância de evitar suspeitas, sobretudo a de que eu estivesse viajando por conta do Greenpeace.

As conclusões, para alguém que esteja caçando urânio altamente enriquecido para uma bomba, são que existem poucas oportunidades onde se esperaria encontrá-las, nas comunidades que circundam o local, e que é necessário agir com toda a cautela e discrição em Ozersk. O perímetro da cidade é grande. Ele encerra mais de 130 quilômetros quadrados que incluem a própria cidade, as instalações de Mayak, uma rede de estradas pavimentadas e de terra, um serviço de ônibus, um grande posto de controle interno (em uma estrada com canteiro central, ao chegar a Mayak), múltiplas linhas de estrada de ferro, locais para enterrar lixo atômico, vários lagos radioativos, uma boa floresta radioativa e alguns pântanos radioativos. A porta principal está no lado norte. Ali há bases em que soldados do Ministério do Interior verificam os veículos que entram e saem e os documentos que as pessoas portam. O perímetro é marcado por duas linhas paralelas de arame farpado, separadas por uma faixa quimicamente esterilizada, que aparentemente não contém minas e onde não é realizado nenhum trabalho de limpeza, nem mesmo quando neva. As cercas se encontram em estado razoável, porém não há nenhuma estrada ao lado delas e tampouco sinais da presença de patrulhas. Se elas forem objeto de monitoramento remoto, é seguro afirmar que ele não é bem-feito. No lado sul, elas se estendem por quilômetros de florestas vazias que podem ser atravessadas praticamente sem chamar a atenção, mas as chances de que um eventual transeunte seja apanhado são grandes — e as conseqüências seriam penosas.

E qual seria a vantagem? Mesmo que você conseguisse entrar pela porta, não teria muito a aprender só por andar na rua. Você poderia enviar agentes que passariam a viver no lugar, entretanto isso demandaria muito tempo e ofereceria poucas possibilidades de êxito. Melhor seria mudar de idéia e repensar a estratégia, inclusive porque os aspectos essenciais da vida em Ozersk podem ser conhecidos de longe.

Os habitantes da cidade, depois das frustrações experimentadas durante a década de 1990, se sentem hoje um pouco mais esperançosos e tendem a se ver novamente como membros da elite. Em geral são bem-educados, e a maioria ganha o suficiente para ter carro, comer fora de vez em quando e fazer uma modesta viagem de férias por ano. Nos fins de semana, alguns vão aos bares de Chelyabinsk para gozar de um pouco de liberdade e distração; outros vão mais longe, para os Urais, para colher frutas no verão ou para esquiar no inverno. Fora isso, são poucas as razões para sair de casa. A moda atual é derrubar as paredes internas dos velhos e tristes apartamentos da época de Kruschev para torná-los mais amplos e instalar balcões de estilo americano com os quais se separa a sala da cozinha. O gosto de seus habitantes em matéria de mobiliário recai sobre o que é claro, leve e moderno. O bairro residencial como um todo é limpo e agradável em comparação com os das cidades vizinhas. Fica entre três lagos, com praias estreitas nas margens, onde, nas poucas semanas dos curtos verões, os moradores tingem coletivamente as suas peles alvas de vermelho ou marrom. Nadar provavelmente não seja uma boa idéia, embora os lagos estejam em encostas mais altas do que os lagos vizinhos de Mayak, e portanto não mais radioativos do que a própria cidade. Então, faça sua escolha, mas na verdade a cidade oferece algumas opções, além mesmo das alternativas domésticas padrão: há um teatro com palco para fantoches, quatro palácios de cultura, duas bibliotecas que guardam 1 milhão de livros, dois cinemas, diversas academias de ginástica e campos de esporte, muitos clubes, um ecocentro infantil e um museu municipal para as quietas tardes propícias ao auto-aperfeiçoamento. Além disso, há nada menos do que 23 escolas primárias e secundárias (duas das quais oferecem estudos extensivos de inglês), duas escolas de esportes, duas de música, uma politécnica, uma universidade técnica (de classificação pouco clara) e filiais das universidades de Chelyabinsk e Ekaterinburg.

Os empreendimentos privados são encorajados, porém, segundo um jornal local, "a empresa unitária do Estado federal, a 'Associação Produtiva de Mayak', ainda ocupa o lugar de destaque no potencial industrial da cidade". Para dizer o mínimo. Embora 9% dos trabalhadores registrados estejam empregados em pequenas empresas (na maioria lojas e serviços) e outros trabalhem para a municipalidade e em escolas, mais de 90% da capacidade industrial de Ozersk é utilizada no que eufemisticamente se denomina o setor químico, metalúrgico e de construção de máquinas. Há esforços de diversificação. A Destilaria de Vodca dos Urais do Sul, por exemplo. E uma indústria chamada Bur-Invest, que persuadiu o governo britânico a subsidiar a produção de algo descrito como "móveis de madeira ecologicamente seguros para crianças em idade pré-escolar". E um grupo de intrépidos ex-designers de armas que corajosamente se autodenomina Confeitaria Ozersk e trata de vender cremes e doces na região dos Urais e na Sibéria.

Em outras palavras, Ozersk tem a indústria nuclear e nada

mais. Seu urânio altamente enriquecido de teor militar é mantido em Mayak na forma de pó oxidizado, de discos de metal, lingotes alongados e hemisférios para ogivas com fino acabamento. Cada uma dessas formas de urânio é armazenada em um tipo diferente de contêiner de aço. Os contêineres são leves porque a sua blindagem é mínima. São selados, mas não trancados. Ficam em armações dentro de galerias, ou em depósitos comuns em dezoito prédios, às vezes em vinte. Além dos contêineres normais, no transporte do material de uma cidade para outra também são usados aqueles de navio, maiores e de cores brilhantes. O transporte é feito por caminhão ou por trem, com pouca ou nenhuma vigilância. Em Mayak, não raro os contêineres vazios são deixados ao relento. Fotografias em alta resolução obtidas por satélites e disponíveis na internet os mostram empilhados nos pátios e ajudam também a identificar os prédios que interessam. Não importa que as fotografias sejam velhas. Qualquer um dos milhares de trabalhadores de Mayak poderia não só atualizá-las, como também fornecer informações sobre as etapas do processamento de materiais, os aperfeiçoamentos da NNSA, as câmeras quebradas, o esquema de vigilância noturna e a localização dos guardas que bebem ou se drogam durante o serviço. Não seria difícil encontrar um informante — nos bares de Chelyabinsk, por exemplo —, mas é evidente que esse tipo de arranjo seria perigoso para todos os envolvidos. Depois, a ação teria de ser rápida e precisa. Atravessando a floresta a partir das cercas perimetrais do leste ou do sul, uma pessoa a pé poderia atingir qualquer edifício em duas horas — o que está bem longe de ser seguro, porque Mayak está cheia de defesas próprias, com guardas armados, e também graças ao enorme problema que é a fuga posterior. Dez anos atrás teria sido mais fácil, mas, com sorte, ainda é possível.

Pelo menos assim pensam alguns americanos bem informados. Alguns dos melhores trabalham para uma organização abun-

'Enquanto os americanos estiverem dispostos a nos dar dinheiro, nós estaremos dispostos a receber'."

O técnico concordou: "É. Acho que é por aí mesmo".

A avaliação é difícil. Já se descreveu o lado humano de Ozersk em termos duros, que dariam esperanças a quem estivesse empenhado em fazer uma bomba — crianças vendendo drogas nas escolas, as máfias envolvidas nos negócios de construção e transporte e grandes levas de pessoas oriundas da Ásia Central que chegam, sem nenhum controle, para fazer os trabalhos subalternos que antes cabiam a escravos leais. Diz-se que os piores de todos são os soldados que têm a missão de vigiar o local. Eles são chamados pelos críticos de "escória da escória". São recrutas apanhados pelo Ministério do Interior depois de terem sido rejeitados pelo Exército russo. Não constituem, de modo algum, um corpo de elite, como o ministério quer fazer acreditar. A NTI catalogou uma série de incidentes conhecidos, em que os guardas de Mayak mataram outros guardas, cometeram suicídio, roubaram armas, fugiram, compraram drogas, beberam em serviço, e até o de um soldado que tomou anticongelante e morreu.

Quanto ao aspecto que um ataque desse tipo poderia ter, segundo os especialistas americanos, não há motivo para novas preocupações: em 2005, a NTI produziu um "docudrama" sobre o terrorismo nuclear, intitulado *Last best chance* [A última melhor oportunidade], que foi exibido pela HBO e é distribuído livremente a qualquer pessoa que o peça. Holgate mencionou que um certo Osama bin Laden pediu um exemplar em Bruxelas, porém ele não foi enviado — mas só num caso desse não se consegue receber o DVD.

Ele chega em um envelope de papelão colorido, indicativo de que o filme é baseado em fatos reais, embora fosse mais honesto afirmar que ele é baseado em possibilidades. Mostra funcionários do governo americano em atitudes de autopromoção, entretanto, em geral, é menos ofensivo aos espectadores do que se poderia esperar. Descreve um ataque do tipo que a NTI e os peritos por ela reunidos acreditam honestamente que possa ocorrer em instalações como as de Mayak. Mercenários vestidos de preto irrompem à noite em um depósito nuclear, extraem de um contêiner selado uma quantidade de urânio altamente enriquecido, colocam em seu lugar uma substância de igual peso, voltam a selar o contêiner e, em seguida, matam um pobre guarda e o seu próprio guia; por fim fogem, na noite pós-soviética, com o material necessário para fazer uma bomba. Tomou-se todo o cuidado com os detalhes técnicos. Superficialmente, a trama é convincente. Os atores que representam os mercenários são impressionantemente bem arrumados e têm, em níveis germânicos, as qualidades de velocidade, eficiência e orientação de que, é óbvio, os recrutas russos de segunda classe não dispõem. O problema para você, que está em busca de uma bomba, é que, no mundo real, até esses recrutas são capazes de lutar. Isso está mais perto de ser um fato do que uma simples possibilidade. E eles vão lutar, quer estejam sóbrios ou bêbados. A presença deles em Ozersk significa que nenhum invasor poderá chegar a nenhum dos depósitos sem provocar uma resposta barulhenta. Especialistas americanos advertem, no entanto, que um ataque grande e coordenado pode superar ou neutralizar as defesas tradicionais dos russos — a tomada por terroristas tchetchenos de um teatro em Moscou, em 2002, e outra, similar, de uma escola de Beslan, dois anos mais tarde, são exemplos de que terroristas que estão dentro da Rússia já têm capacitação para fazê-lo. Há freqüentes citações de um artigo da imprensa russa segundo o qual os homens que tomaram o teatro exploraram primeiro a idéia de atacar um centro de pesquisas nucleares em Moscou, o Instituto Kurchatov, onde estão guardadas várias toneladas de urânio altamente enriquecido. Verdade ou não, para os americanos trata-se de uma notícia boa disfarçada de ruim. O Instituto Kurchatov gozou, mais do que qualquer outro órgão congênere na Rússia, dos benefícios da colaboração com os Estados Unidos e pôs em prática um número amplo de aperfeiçoamentos de segurança similares aos utilizados pelos norte-americanos. Ganhou muitos adeptos a tese de que tais aperfeiçoamentos teriam impressionado e assustado os tchetchenos. Não faz parte do cenário, contudo, a constatação acerca do conhecimento ou não, por parte dos atacantes, da existência do material físsil e do destino que seria dado a ele quando os terroristas se vissem cercados por milhares de soldados russos, com a sua própria segurança dependendo dos métodos russos tradicionais.

As autoridades de Ozersk reagiram ao ataque em Moscou reforçando não as defesas do material físsil de Mayak, mas sim as do bairro residencial entre os lagos — o que equivalia a deixar ao largo os detestados habitantes de Ekaterinburg. Por que os atacantes escolheriam uma das cidades fechadas da Rússia como alvo para tomar reféns e sofrer uma morte pública? Pode-se dizer que o único propósito de um ataque a Ozersk seria o oposto — conseguir urânio altamente enriquecido de teor militar da maneira mais silenciosa e rápida possível e escapar para um lugar além do horizonte, onde uma bomba pudesse ser fabricada. Podem-se imaginar alternativas: por exemplo, esconder o material por algum tempo num lugar próximo, ou mesmo dentro do perímetro — o risco, porém, em ambos os casos, é o que correm os que querem ser espertos demais. Melhor seria cruzar logo a fronteira e sair da Rússia.

O fator fuga é pouco considerado nos Estados Unidos, onde o enfoque sobre a segurança das instalações nucleares a partir de soluções preexistentes faz prevalecer uma visão comparável à do Velho Oeste, em que bastaria a um bandido nuclear deixar a cidade para desaparecer tranqüilamente. Não por acaso, em *Last best chance* o carro que transporta o urânio altamente enriquecido roubado desaparece pelo simples fato de afastar-se da câmera.

Mas, pensando em termos práticos e estando perto de Ozersk, se você quisesse armar um ataque, veria o tempo todo demonstrações da existência de uma Rússia poderosa e autoconfiante, mais próxima do seu velho passado autocrático e, pelo menos em algumas áreas, sob controle.

Quando mencionei as minhas impressões a um perito nuclear russo que recebeu doações americanas, ele concordou enfaticamente e, para minha surpresa, voltou-se contra a fonte do seu ganha-pão. Ele estava irritado sobretudo com um influente grupo de especialistas de Harvard que acompanha os detalhes da diplomacia nuclear e dos programas de cooperação e que tem desenvolvido um trabalho necessário, mas que ficou ossificado com a passagem do tempo e com as repetições. A respeito deles, o russo me disse: "Essas pessoas que nos Estados Unidos expressam tais preocupações com relação à Rússia, eu as conheço bem. São meus amigos, mas são como mamutes congelados. Eles fazem dinheiro com isso há uns vinte anos. Eu não me importo, só que eles estão ficando muito para trás. As cabeças não evoluíram. Mesmo quando eles vêm aqui, seus pensamentos estão muito longe".

Uma visão mais generosa indicaria que os observadores profissionais dos Estados Unidos têm poucas razões para não estarem ainda mais preocupados, mesmo em seus pensamentos particulares, e que essa evolução permitiu a eles desempenhar um papel público positivo — embora requeira que os leitores compreendam as forças que afetam suas carreiras. O fim da União Soviética e a diluição dos perigos da Guerra Fria poderiam tê-los levado à obscuridade, não fosse o aumento correlato das ameaças do terrorismo nuclear. Na prática, eles lograram ocupar com elegância a nova área de preocupações na década de 1990 e prosperar a partir de 2001, em conseqüência dos ataques terroristas ocorridos naquele ano. Os esclarecimentos que acrescentaram ao tema são reais. A Rússia efetivamente tinha materiais nucleares desprotegidos e ainda hoje oferece as melhores oportunidades para quem queira desviá-los. Mas os peritos americanos atuam em uma área sombria e perigosa, em que uma declaração tranqüilizadora pode de repente se revelar espetacularmente equivocada. Por essa razão, eles podem ter inundado o ambiente com argumentos obsoletos ou irrelevantes.

Por outro lado, como fabricante de bombas você não estaria interessado em aumentar as suas preocupações, e sim em diminuí-las. A fronteira internacional mais próxima de Ozersk é com o Casaquistão, a apenas quatro horas de automóvel ao sul, porém a estrada é ruim porque passa pela cidade de Chelyabinsk e por pontos de controle em locais que podem ser facilmente bloqueados. Além disso, o Casaquistão é um Estado autoritário desenvolvido, com forte controle policial, que renunciou às armas nucleares e com certeza não é um bom esconderijo para um fugitivo nuclear. Seria melhor permanecer na Rússia e seguir na direção sudoeste, por mais de 1900 mil quilômetros, até o mar Cáspio, ou o Cáucaso, com o objetivo de passar o urânio para a Turquia, através do Azerbaijão, da Armênia, da Geórgia ou do Irã setentrional. Mas seriam necessários pelo menos três dias só para sair da Rússia — essa é a vantagem mínima de que você precisará para que seu plano possa ter êxito antes que o sumiço do material seja percebido em Mayak. E a verdade é que com três horas de vantagem já se precisaria de sorte. Um fabricante de bombas racional, portanto, deveria abandonar conscientemente (e também com alívio) qualquer idéia de uma ação heróica do tipo "comando".

Isso não quer dizer, contudo, que você deva desistir de Ozersk. Existem possibilidades abundantes para que o trabalho seja feito por uma pessoa de dentro e, embora tudo possa vir a se perder por uma traição, as vantagens potenciais são enormes: essa pessoa poderia neutralizar qualquer defesa prática, passar pelas portas com uma carga de urânio altamente enriquecido, sem blindagem e sem ser detectada, e conseguir uma equipe de saída com um tempo de vantagem de semanas ou meses — talvez mesmo até o momento da explosão da bomba roubada. Linton Brooks considera a possibilidade de roubo por uma pessoa que trabalha nas instalações o maior desafio que a NNSA enfrenta hoje na Rússia. As soluções, que seriam apenas parciais até na melhor das hipóteses, consistem em tentar complicar a ação dos ladrões eventuais, obrigando-os a usar mais gente na conspiração e operar com equipes mais numerosas.

Um agente experiente nesse assunto revelou: "Criam-se dificuldades com a colocação de portas que requerem duas pessoas para ser abertas. Com a instalação de câmeras de vídeo que permitem verificar que realmente há duas pessoas. Com a contratação de vigias para vigiar os vigias. E também com a implementação de sistemas de contabilidade modernos, com base em códigos de barras. Os métodos de contabilização usados anteriormente eram rústicos e havia uma tendência a excluir materiais para compensar insuficiências na produção — materiais escondidos em garagens ou em algum outro lugar. Agora está muito melhor, mas ainda existem muitos problemas de ordem cultural que são profundos e duradouros. No tempo da União Soviética, aqueles que trabalhavam em tais instalações eram considerados pessoas de elite e muito confiáveis. E hoje em dia nós dizemos para eles: 'Vocês não podem mais entrar sozinhos no depósito. Toda vez que a porta for aberta, precisa haver dois ou três de vocês juntos'. Isso demora algum tempo para ser assimilado. Existe também uma percepção diferente das regras e dos regulamentos. O respeito à lei já não é como antes. Existe mais ceticismo na Rússia. É um problema muito complicado. Fechar as janelas com tijolos faz parte da solução, mas não resolve tudo".

Não é que os russos não saibam como construir locais realmente seguros. Comentei com o técnico americano nos Urais que, na Rússia, mesmo as portas comuns são pesadas, e ele disse: "Uma das pessoas da fábrica me falou 'Jack, vi filme americano ontem'" — o técnico imitava o sotaque russo — "'e coisa estranha. Polícia de droga. Eles dão patadas na porta! Isso em Rússia não possível!'".

Talvez, na Rússia, isso nem seja necessário.

Estávamos tomando cerveja alemã em um bar bem próximo a um dos sítios nucleares, lugar onde o técnico não podia permanecer, mas ao qual era escoltado todos os dias para fazer o seu trabalho, sob vigilância. Perguntei-lhe sobre o ambiente lá dentro e ele respondeu: "As mudanças são impressionantes. Antes, as prateleiras dos armazéns estavam 90% vazias, era um lugar desolado, encardido, passarinhos voando dentro da loja. A gente tinha de fazer três filas. Você entrava na primeira fila para comprar batata. Você queria duas batatas e então, quando conseguia chegar na mulher das batatas, dizia 'Me dá duas batatas'. Aí ela anotava em um tíquete de venda e o entregava para você. Então você ia pra outra fila, a do caixa, para pagar. A caixa carimbava o seu tíquete. E você voltava para a primeira fila, e quando chegava a sua vez, a mulher das batatas entregava a sua compra".

"E agora?"

"Agora tem um supermercado tão legal quanto os nossos. E tem tudo. Antes, eu dizia, 'Cara, você tem de provar esse drinque chamado margarita. Mas precisa de limão e tequila'. E eles diziam 'O que é limão?'. Entendeu? Agora você compra limão, abacate, o que quiser. Quase tudo o que se pode comprar em Los Angeles você encontra aqui. E os russos ficam loucos lá dentro. Você não acredita nas quantidades que eles estão comprando." Ele tomou um gole de cerveja. "Parece que tem muito dinheiro circulando na cidade." Pensou e continuou: "Mas os caras com quem trabalho não ganham tanto assim".

"Então qual é a explicação?"

"Não sei. É um mistério."

Uma cultura de dinheiro ganho sem explicação certamente aumenta as oportunidades para recrutar ladrões. Assim como a cultura correlata da corrupção. O técnico tinha consciência da possibilidade de uma ação clandestina interna. Ele disse: "O cara com quem eu mais me preocuparia é o diretor".

"Um cara só?"

"Não. Estou falando em geral."

"Mas ele provavelmente está muito em cima na hierarquia."

"É. Você tem razão. Ele não teria acesso."

"O urânio altamente enriquecido fica trancado?"

"Tem um sistema de controle com duas pessoas."

"E quem são essas pessoas?"

"Trabalhadores comuns. Gente comum."

"E se você chegar pra eles e der 5 milhões de dólares para cada um, eles podem sair carregando 45 quilos de urânio altamente enriquecido? Existem outras medidas de segurança?"

"Quase sempre tem mais duas pessoas lá. Você precisa falar com os quatro."

"Quase sempre?"

"Normalmente também tem guardas do lado de fora do prédio."

"Mas eles estão mais preocupados com o que acontece lá fora, não é? Você acha que os trabalhadores conseguiriam fazer passar um movimento ilícito como coisa normal?"

"Eles têm um veículo especial para o transporte. Talvez o motorista seja o cara que deve ser comprado."

Mas esses eram detalhes para mais tarde. Voltei às questões culturais. "E esse monte de carros caros que eu estou vendo por aqui?"

"Tem gente que ganha dinheiro."

"E ninguém se importa?"

Ele falou: "Tem uma área dentro da cidade que tem umas

casas *grandes*. Grandes e novas. Enormes. Tipo quinhentos metros quadrados. Entrei numa que estava em construção. Era bonita, com vestiário, sala de jogos, piscina. Bem bonita. E dentro da cidade! Eu entrei. Subornei o guarda. Adoraria ter aquela casa".

Ele parecia estar pensando em grandes festas.

Eu disse: "Então o que é — a máfia?".

"Sempre fazem essa brincadeira."

"Que brincadeira?"

"A máfia. Nunca vi nada, mas tenho certeza de que eles andam por aí."

"E como é que você os identifica?"

"Aí é que está. Não sei."

Eu falei: "Acho que a maior parte dos caras deve parecer com executivos".

"É. Acho que sim."

"Mas e as casas? Qual é a explicação?"

Ele disse: "Perguntei aos meus amigos".

"E o que foi que eles disseram?"

"Disseram que é do diretor." Ele parecia duvidar.

Eu disse: "Mas...".

"Mas as casas são *grandes*! E são mais de vinte. Elas começaram a aparecer nos últimos dois anos."

"Então ninguém sabe qual é a explicação?"

"Ninguém que eu conheça sabe. São todos trabalhadores. Acho que eles não fazem muitas perguntas."

Com 45 quilos de urânio altamente enriquecido roubado, divididos em duas mochilas, e com um saudável tempo de vantagem sobre as forças de segurança russas, você não teria que se preocupar muito com a possibilidade de ser apanhado pelos americanos. Os Estados Unidos dizem que estão construindo uma defesa de múltiplas linhas, mas a única linha que significa alguma coisa é a segurança dos estoques feita pela NNSA — e podemos supor que você acaba de penetrar nela com a ajuda de trabalhadores locais. Neste ponto, as defesas dos Estados Unidos e da Europa se dissolvem de maneira espetacular. Em última análise, as razões são de ordem institucional e têm certa complexidade, mas podem originar-se de simples confusões criadas pela progressão geométrica das escolhas que podem ser feitas por uma pessoa que transporta urânio altamente enriquecido para o lugar em que a bomba será fabricada. Você irá para a esquerda ou para a direita? As estradas se bifurcam o tempo todo, obrigando-o a escolher entre caminhos alternativos, muitas vezes sem nenhum motivo específico. Os agentes do Ocidente que tratariam de detê-lo têm de enfrentar uma malha infinita que dá a medida de um mundo hostil e anárquico.

Em Washington, conversei com um dos muitos agentes que, embora cumpram suas missões de maneira bem razoável, preferem permanecer no anonimato por temer as implicações da política interna. Ele me descreveu um programa da NNSA chamado Segunda Linha de Defesa, que instala monitores de radiação em pontos em que as estradas cruzam as fronteiras da antiga União Soviética, especialmente nas rotas mais prováveis de contrabando na Ásia Central e no Cáucaso. Na sul da Rússia, o programa está mais desenvolvido na problemática República da Geórgia, nação vulnerável, ameaçada por enclaves separatistas, que passa por dificuldades até para produzir aquecimento durante o inverno. O agente me disse: "O corpo de engenharia está trabalhando com a alfândega americana para construir na Geórgia instalações totalmente novas nas fronteiras e nós estamos em vias de colocar monitores de radiação novos e melhores".

Eu disse: "Acho que entendo a lógica dos monitores de radiação, mas por que é que nós estamos construindo alfândegas para os georgianos?".

gem entre a Geórgia e o Azerbaijão. A primeira melhoria efetuada foi a construção de um complexo habitacional em um terreno plano em que unidades rotativas da Guarda de Fronteiras antes acampavam e cozinhavam em fogueiras ao ar livre. Quando o Departamento de Segurança Interna dos Estados Unidos concluiu as obras, em 2003, o complexo consistia de cinco casas de família, um quartel para 64 pessoas, um refeitório, um edifício administrativo, uma garagem para a manutenção de veículos, um depósito de suprimentos, uma sala de armas, vários outros prédios, um canil, duas caixas-d'água, uma estação de processamento de esgoto, uma subestação de eletricidade, uma cerca perimétrica, duas torres de guarda, dois heliportos, um campo de esportes, um campo de futebol à parte, novas estradas pavimentadas, estacionamento e, é claro, um local para desfiles. Depois da inauguração oficial, uma comunicação da CBP perguntou ao gerente do projeto, James Kelly: "É mesmo grande assim?".

"Sim, senhor", disse Kelly. "Foi feito de acordo com os padrões americanos."

E essa era apenas a fase 1. Os Estados Unidos então transferiram seus gastos para o próprio posto de controle, onde os funcionários da alfândega da Geórgia estavam utilizando contêineres de navio como escritório e local de trabalho, com cortes nas paredes fazendo as vezes de janela. Nos dois anos seguintes, o governo americano supervisionou a construção de instalações no valor de 2,2 milhões de dólares, cujo propósito principal seria, de acordo com a CBP, "ajudar a Geórgia a tornar-se um parceiro mais eficaz no esforço mundial para controlar a passagem de terroristas e suas armas". Desta vez, as melhorias incluíram uma estrada de seis pistas, cabines confortáveis, áreas para a inspeção de cargas, câmeras de televisão de controle remoto e circuito fechado, muitos computadores, um sistema de comunicação por rádio de alta freqüência e longa distância e — a jóia da coroa — um belo prédio de dois andares, bem-acabado, com ar-condicionado, espaço para receber o público agradecido, celas de detenção, escritórios, uma ala de dormitório para os agentes alfandegários georgianos, quartos individuais no andar de cima para os funcionários americanos e outros VIPS, e um pátio, nesse mesmo andar, aparentemente para aqueles que desejam tomar sol nas tardes mais frescas.

No dia em que cheguei estava frio demais para isso. Havia uma pequena fila de caminhões procedentes do Azerbaijão e alguns carros que passavam na direção oposta, rumo ao sul. Os novos monitores de radiação ainda não haviam sido instalados, mas com certeza estariam funcionando em poucas semanas. O prédio principal estava tão vazio que parecia estar sendo preservado para um uso futuro não identificado. No andar de cima, numa placa reluzente de bronze em uma porta fechada, lia-se: "Sala de Jantar James F. Kelly do Posto de Red Bridge, Geórgia, março de 2005". Os georgianos que me receberam nunca haviam notado a placa e não tinham idéia do seu significado. Eram guardas de fronteira de outro posto, e o prédio, portanto, não lhes era muito familiar. O posto como um todo deveria ser de uso compartilhado, mas os dois grupos não se dão muito bem e havia um entendimento informal de que ele seria controlado pela alfândega. Quando o chefe da alfândega foi informado da minha presença, aproximou-se e deixou bem claro quem era. Eu pedi para ver a sala de controle, supostamente o centro nervoso da operação, que logo abrigaria os medidores dos detectores de radiação. Depois de certa dificuldade para achar a chave, o chefe me mostrou o local. Era um abrigo sem janelas, com apenas algumas cadeiras e computadores de tela plana em cima de uma mesa. Alguém tinha deixado um jogo ligado. Alguém tinha deixado uma revista. Havia uma pilha de caixas de embalagem de papelão vazias em um canto. Logo em seguida entrou um jovem de aparência dinâmica que operou uma câmera presa ao teto para mostrar o zoom e os movimentos direcionais.

portar uma bomba atômica é dentro de um saco de maconha. O ponto aqui, obviamente, é que as fronteiras são muito abertas. A analogia, contudo, é fundamentalmente enganadora, uma vez que um pequeno volume de urânio altamente enriquecido vale muitíssimo mais do que qualquer quantidade de drogas e também porque o urânio se move em um mercado minúsculo, com operações singulares, que são perigosas para todos os envolvidos e, por isso, difíceis de reproduzir; além do mais, a importância de impedir esse tráfico é infinitamente maior.

A proximidade entre os dois tráficos pode parecer uma coincidência infeliz, que, no entanto, poderia se tornar o oposto se as diferenças fossem exploradas em conversas discretas com algumas pessoas cruciais. O problema está em que essas pessoas não costumam ser os guardas e os funcionários dos países de trânsito. Encontrá-las requereria uma exploração informal ao longo das linhas de defesa preexistentes, em vales recônditos, ao pé das montanhas a serem transpostas, no entorno de certos portos e sobretudo nas fronteiras por onde passam as rotas dos traficantes, fronteiras que se alinham principalmente na direção Leste—Oeste na Ásia Central, e na direção Norte—Sul no lado caucasiano do mar Cáspio. Mais importante ainda, isso demandaria aceitar o fato de que certas regiões que escapam ao controle governamental raramente são tão caóticas quanto parecem aos olhos dos funcionários ocidentais. O trabalho de base para uma ação efetiva envolveria andanças humildes, às vezes de táxi, às vezes na companhia de um tradutor e guia amador. O propósito não seria recrutar exércitos camponeses e espiões, mas sim obter uma boa idéia a respeito do funcionamento e da operação dos mecanismos informais ou não governamentais do poder. Na maior parte dos casos, só dois ou três indivíduos exercem o mando e eles tendem a ser agressivos e benevolentes ao mesmo tempo, com interesses mais amplos do que o tráfico de drogas. Seus nomes logo surgiriam. A aproximação com alguns pode ser perigosa, contudo a maioria receberia bem os forasteiros. Na segunda ou na terceira viagem, o agente ocidental poderia deixar claro que, se algum dia um carregamento genuíno de urânio altamente enriquecido aparecer, uma grande recompensa será paga — talvez em Red Bridge. Para isso, seria necessário que os moralistas norte-americanos não se mostrassem ultrajados diante de acordos feitos com traficantes de drogas, mas, dada a importância do que está em jogo, é até possível que eles o façam.

Tenho um amigo curdo no Iraque que circula pela guerra com a elegância de um dançarino. Em 2004, um tempo de ataques crescentes, quando os ocidentais que viviam em Bagdá estavam contratando com urgência companhias de segurança também ocidentais para instalar câmeras de vigilância e construir defesas sofisticadas nas suas casas, ele me deu conselhos a respeito da minha modesta moradia, cujo muro da frente tinha sido parcialmente destruído por um foguete e que estava cercada por uma alcatéia de cães ferozes que viviam no outro lado da rua. Ele já havia me advertido para que eu evitasse a ficção de um plano de segurança formal e simplesmente deixasse os vidros quebrados no chão e em outros lugares visíveis. E também sugeriu que eu desse comida aos cães.

Alguns meses atrás, fiz a primeira de duas rápidas viagens pelas montanhas do extremo oriental da Turquia, no interior do Curdistão, ao longo da fronteira com o Irã. Essa fronteira é cruzada por uma das rotas mais simples para quem quer ir da cidade fechada dos Urais, na Rússia, para Istambul, através do mar Cáspio e do noroeste do Irã. O descortino da paisagem é imenso, com picos altos e nevados e vales que cobrem grandes distâncias, mas a linha divisória passa por montanhas arredondadas que podem ser, e são, cruzadas a pé em aproximadamente cinco horas de viagem.

lhos. Queria que eu soubesse que os curdos tratam bem as mulheres, e que eu tivesse uma perspectiva melhor sobre a tradição curda em que o noivo rapta a noiva. Descreveu a maneira como ele próprio administra a justiça e enumerou as vantagens da lei curda tradicional. Conversamos longamente sobre o seu clã, do qual sente orgulho. Diversas vezes mencionou que "os outros clãs têm medo de nós porque somos valentes", que "os outros clãs têm medo de nós porque vivemos com a natureza" e que "os outros clãs têm medo de nós porque não temos nada a perder". Prosseguiu: "Você não precisa ter medo de mim. Pode perguntar o que quiser". Eu agradeci. Alguns dos homens presentes mostraram nervosismo com as minhas perguntas, mas ele não. Com o passar da noite, o líder sugeriu que matassem um cordeiro em minha honra. Senti que nos demos suficientemente bem e que em uma segunda visita eu poderia tocar no assunto do urânio — fosse como mensageiro dos Estados Unidos, fosse como mensageiro dos seus inimigos.

Supondo que você dê atenção a chefes como esse — e que os governos ocidentais continuem a ignorá-los —, você provavelmente conseguiria fazer passar o urânio altamente enriquecido pelas fronteiras e reaparecer no meio dos barulhos e confusões de um país como a Turquia, onde poderia sumir por uns tempos. Aí começa o problema de montar seu artefato. No que se refere à escolha do lugar, fique certo de que nenhum país ousaria ter seu nome associado à montagem de uma bomba atômica independente. Nem a Líbia, nem o Sudão, nem o Irã. A certeza de represália depois de ela ter sido usada ultrapassa em muito qualquer vantagem que pudesse ser obtida. Além disso, você nunca poderia confiar em que esses governos não ficariam esperando até o último momento para então confiscá-la.

Portanto, o trabalho tem de ser feito em segredo — em uma oficina particular, que talvez não precise ser maior do que uma garagem para cinco carros. Na oficina haverá tornos mecânicos e máquinas com controle numérico, assim como outros equipamentos sofisticados, o que vai demandar uma explicação plausível — uma empresa de fachada, destinada, por exemplo, à produção de bombas de sucção ou de componentes de transmissão para automóveis. A melhor localização seria em uma cidade global, com muita liberdade de movimentos, poucos controles governamentais, altas doses de corrupção e muito ruído ambiental para que os sons emitidos pela atividade não chamem atenção. Faça a sua escolha entre Mombaça, Karachi, Mumbai, Jacarta, Cidade do México, São Paulo e umas poucas mais. Cada uma apresenta os seus riscos e as suas vantagens. Talvez a melhor escolha seja Istambul, se não por outras razões, pelo menos para abreviar a narrativa da viagem.

A fabricação da bomba tomaria uns quatro meses. O tamanho da equipe técnica dependeria da forma do urânio altamente enriquecido. No mínimo, ela consistiria de um físico ou engenheiro nuclear, uns dois metalúrgicos especializados, de preferência com experiência na manipulação de urânio, um perito em explosivos para projetar e manusear o propelente, e talvez um entendido em eletrônica, para o detonador. O essencial do trabalho é de fácil apreensão. Repetindo os aspectos físicos: a reação nuclear em cadeia tem início quando um nêutron em alta velocidade causa a fissão de um átomo de urânio, o que produz dois outros nêutrons, que causam a fissão de dois outros átomos, e assim por diante. Uma progressão ultra-rápida de fissões atômicas, de dois, quatro, oito, dezesseis, 32, 64, 128 etc., gera uma explosão, mas apenas se houver quantidade suficiente de átomos disponíveis para manter a reação por múltiplas gerações antes que os nêutrons cheguem à superfície do urânio e saiam voando inutilmente pelo ar. Portanto, a medida crucial, para qualquer nível de enriquecimento e para

A velocidade ideal para a cunha é de pouco mais de novecentos metros por segundo, algo como a velocidade de uma bala de rifle, ou o triplo da velocidade do som. O objetivo é fazer com que os dois volumes se encontrem em uma colisão antes que a reação nuclear possa começar prematuramente. Quando os volumes se unem, pode-se estar certo de que o urânio altamente enriquecido fará a sua parte, mas, como estamos trabalhando com uma bomba de fundo de garagem, haverá diferenças significativas no teor da explosão, que se devem sobretudo a variações no tempo e na propagação da reação em cadeia. Os projetos militares convencionais usam geradores de nêutrons e requerem grande complexidade para produzir teores explosivos previsíveis, assim como para ocupar menos espaço e aumentar a segurança da bomba. Como conseqüência, as bombas produzidas mesmo por países primitivos como o Paquistão tendem a ser complexas. Não raro se comete o equívoco de pensar que a bomba de um terrorista trataria de imitar esses artefatos militares e exigiria, por conseguinte, um nível de capacidade técnica encontrado somente em laboratórios governamentais. Mas se você fosse um terrorista, pouco importaria que a bomba que será jogada, por exemplo, em Nova York, produza uma explosão de dez ou vinte quilotons. E por causa da necessidade de segredo, você procuraria reduzir ao mínimo as especificações técnicas do projeto.

Mesmo assim, a fabricação de uma bomba não é um projeto fácil. As máquinas necessárias, o ruído e em especial a presença de membros da equipe que são estranhos ao local propiciam ao Ocidente a sua última possibilidade prática de autodefesa. Sua equipe de fabricantes de bomba tem de ter isso em mente o tempo todo. Uma cidade como Istambul, que à distância parece anárquica e tem fama de resistir à autoridade central, na prática é um mosaico de comunidades bem coesas com uma estrutura orgânica de poder comparável à que encontramos nas fronteiras do país. Mesmo nos bairros mais caóticos, onde se encontram oficinas industriais em meio a edifícios de apartamentos ilegais, habitados por comunidades de pobres recém-chegados, seria difícil impedir a curiosidade e as perguntas inconvenientes dos vizinhos. E isso também acontece em Mombaça, Karachi e em todas as outras cidades em que se pode fabricar uma bomba. São comunidades urbanas, ingovernáveis talvez, mas não necessariamente sem controle.

Agências ocidentais que conseguissem estender redes e armadilhas nesses lugares teriam melhores chances de impedir ataques terroristas do que qualquer programa de inspeção portuária, rearranjos burocráticos ou ação militar. No entanto, também nesse caso há poucos indícios de que as agências ocidentais tenham a capacidade de desfazer-se das suas rígidas formas organizacionais.

Em última análise, se um terrorista potencial fizesse o cálculo das probabilidades, teria que admitir que elas são fortemente contrárias a ele, e isso por causa de todas as circunstâncias naturais que podem levar seu plano ao fracasso. Talvez seja por isso que nenhum esforço nesse sentido, se é que já foi feito, produziu resultados — e talvez nunca chegue a produzi-los.

Mas o terrorista também sabe que as probabilidades não são impossíveis. Evidentemente, ele teria de enfrentar muitos problemas à medida que avançasse, em particular no tocante ao transporte do artefato já montado e à seleção da cidade a ser atingida. O que seria melhor: usar um avião particular? Colocar o objeto em um contêiner e mandá-lo por navio? Usar o próprio navio como arma? Ou tirar a bomba do navio e levá-la de caminhão até o alvo? São escolhas importantes, que exigem atenta consideração, porque cada uma delas envolve um risco. Porém, talvez os obstáculos que menos preocupação dariam a um terrorista nuclear sejam as defesas nominais que nos anos recentes os Estados Unidos e a Europa têm levantado.

inferior à do pai da pátria, Muhammed Ali Jinnah, e seu ego se desenvolveu igualmente, de forma proporcional. Khan chefiava um órgão governamental, que recebeu o seu próprio nome — Laboratório de Pesquisas Khan [Khan Research Laboratories — KRL] —, onde conseguiu vencer as dificuldades de produzir urânio altamente enriquecido, o material físsil necessário para as armas paquistanesas; além disso, esteve envolvido na planificação das ogivas e mísseis que as lançariam. O inimigo era a Índia, sua terra natal, assim como a da maior parte dos paquistaneses da sua geração, país contra o qual o Paquistão lutara e perdera quatro guerras desde a sua fundação, em 1947. A Índia tinha a bomba e a partir de então o mesmo se podia dizer do Paquistão. Khan era tido como a pessoa que assegurara a sobrevivência da nação, o que provavelmente é verdade — até o momento em que, num futuro possível, ela seja destruída durante um ataque nuclear ou por outras razões.

De toda maneira, na época em que construiu a casa à beira do lago ele acreditava piamente na sua própria grandeza. Na maturidade, tornara-se um homem corpulento, adepto de banquetes, desacostumado às críticas e intoleravelmente autocomplacente. Acompanhado por seus guardas de segurança, Khan viajava por todo o Paquistão, aceitando prêmios e homenagens, distribuindo fotografias dele próprio e dissertando sobre temas diversos, como ciência, educação, saúde, história, política exterior, poesia e — o tema favorito — a magnitude das suas realizações. Como se poderia esperar de tão grande benfeitor, ele também distribuía dinheiro a partir de um suprimento que parecia inesgotável, apesar do fato óbvio de ser um funcionário do governo com o salário de um funcionário do governo, sem outras fontes legítimas de riqueza. Comprou casas para os amigos, financiou bolsas de estudos, fundou uma instituição de caridade, fez grandes doações às mesquitas e apoiou escolas e instituições paquistanesas, cujos prédios muitas vezes receberam o seu nome. Para efetivamente compreender Khan — o que também ajuda a compreender a proliferação dos arsenais nucleares para além das potências tradicionais —, é necessário reconhecer que sua prodigalidade não se restringia a uma questão de autopromoção. Ele foi descrito no Ocidente como uma personalidade dúbia, um cientista do mal, um provedor da morte. Por certo, ele perdera a perspectiva correta de si próprio. Mas a verdade é que era um bom pai, um bom marido e um bom amigo, que dava grandes presentes porque, na essência, era dono de um coração bom e benevolente.

Quanto ao motivo pelo qual ele decidiu construir uma casa de veraneio que lançava dejetos no lago de Rawalpindi, a resposta é realmente dúbia, mas muito paquistanesa: a atração não estava na beleza do local (há lagos mais bonitos bem perto), mas sim no desafio aberto à lei, na oportunidade vislumbrada para uma demonstração de poder pessoal. Em um país cuja justiça é subjugada e cujas leis mais fundamentais são sistematicamente ignoradas por governos civis corruptos e por regimes militares, quando alguém enriquece, não há maneira mais gratificante de exibir seu êxito do que por meio de um ato público ilegal. A casa do lago servia como uma mensagem facilmente apreensível, que foi compreendida por todos os paquistaneses da época: uma bazófia pública. As pessoas não condenaram a violação da lei cometida por Khan. Mesmo em Rawalpindi a tendência era admirá-lo por isso. Elas eram pobres, mas no âmbito coletivo já não eram fracas, uma vez que também tinham a bomba atômica. Elas estavam perfeitamente dispostas a abrir uma exceção para o homem que lhes dera a bomba.

A proibição de construir no lago perdurou e, em conseqüência, graças a uma lógica retorcida, violar a restrição tornou-se um dos maiores desafios na região. A. Q. Khan foi o pioneiro. Em poucos anos, outras casas foram erguidas perto da sua, talvez umas doze no total, e todas pela mesma razão — para demonstrar a

que o exame se aprofundasse, assim como tampouco puderam fazê-lo os dirigentes norte-americanos, em razão das necessidades geopolíticas identificadas.

Khan permanece, portanto, um enigma — um homem que pode morrer isolado e levar consigo seus segredos. Filtram-se algumas notícias a respeito das condições de sua prisão. Ele envelheceu muito, perdeu peso e tornou-se doentio, mas aparentemente não foi envenenado. Depois de décadas de boa vida, Khan padece de diversos problemas físicos, que incluem pressão sangüínea cronicamente alta e câncer de próstata, do qual foi operado em setembro de 2006. Também está profundamente decepcionado — convencido de que serviu com honra seu país e de que, mesmo quando transferiu seus segredos nucleares a outras nações, agiu em favor do Paquistão e com a cumplicidade dos seus governantes militares. Dorme mal à noite.

Na última primavera ele conseguiu mandar uma nota para um dos seus antigos assessores. Era um lamento manuscrito em que ele perguntava, a respeito do general Musharraf: "Por que esse rapaz está fazendo isso comigo?".

A resposta parece óbvia: trata-se de uma ação necessária para evitar as sanções impostas pelos Estados Unidos. E para manter o poder. Os paquistaneses comuns continuam ao lado de Khan, mas é provável que as elites, em uma atitude de autoproteção, lhe dêem as costas neste momento.

Seu escriba de muito tempo, um jornalista chamado Zahid Malik, que passou anos escrevendo elogios públicos a ele e editou em 1992 uma biografia de pura adoração, me disse recentemente em Islamabad que a prisão de Khan era necessária. Nós nos encontramos em seu escritório, em um jornal fundado por ele, o *Pakistan Observer*. Malik ressaltou sua lealdade ao regime militar e disse: "Depois do 11 de Setembro, o Paquistão despontou como um aliado confiável e responsável do Ocidente. O país adotou uma posição de princípio, você compreende? De luta contra o terrorismo e o extremismo; contra a Al-Qaeda e tudo mais. Quando o Paquistão tomou conhecimento de certas queixas, o governo reagiu, você compreende? E com muita força. Porque, como o presidente Musharraf tem dito, e com razão, o que quer que o doutor Khan tenha feito, foi por conta própria".

Ele também disse que Musharraf está erradicando a corrupção.

Já que estávamos no tema da ordem legal, perguntei-lhe o que sabia sobre as bases formais para o prosseguimento da detenção de Khan. Ele não respondeu de maneira direta. Apenas disse: "O governo diz que é por causa da sua própria segurança; da segurança de Khan".

Eu perguntei: "Você acredita nisso? Que estar preso é do interesse dele?".

Malik não hesitou. Demonstrando alguma ansiedade, disse: "Acho que sim; acho que sim".

No Paquistão é conveniente ser politicamente realista. Os dias de Khan à beira do lago acabaram, mas outras pessoas ainda estão lá, construindo ou ampliando suas casas. A mais notória é a do vizinho de Khan. Chama atenção, como um hotel internacional. Em comparação com esta, a casa de Khan parece modesta, mais ainda porque está fechada e abandonada. Mesmo nos dias de sol, a cena causa tristeza. De tarde, até quando o vento sopra, a sensação é de imobilidade. O jardim de Khan, que desce por uma encosta até a margem do lago e que era motivo de orgulho, está virando mato. Ele possui um pequeno barco de corrida em um ancoradouro privado, mas o barco é aberto e a água da chuva está fazendo com que aderne, com a proa afundada. Sem dúvida, isso era de esperar.

Khan é o maior proliferador nuclear de todos os tempos. Foi um revolucionário de importância histórica e, como tantas vezes acontece, foi consumido pela própria criação. Mas então o que

são obscuras e muito tendenciosas, mas ao que parece havia casos, de ambos os lados, em que todos os passageiros de trem eram massacrados, as violações eram freqüentes e centenas de milhares de pessoas morriam. Talvez 7 milhões de muçulmanos tenham chegado ao Paquistão, embora muito traumatizados.

A. Q. Khan não estava, a princípio, entre eles. Seus pais preferiram ficar em Bopal, onde levavam vidas suficientemente confortáveis. Mas a cidade já não era tão acolhedora e nos anos seguintes os habitantes muçulmanos passaram a ser incomodados cada vez com maior freqüência pelos vizinhos hindus e a polícia indiana. Três irmãos mais velhos que Khan e uma irmã acabaram indo para o Paquistão e, no verão de 1952, ele próprio, com dezesseis anos, aprovado no exame de admissão escolar, juntou-se a eles. Viajou de trem através da Índia, com um grupo de muçulmanos de Bopal que sofreu intimidações e ataques por parte da polícia e dos empregados da estrada de ferro. Jóias e dinheiro foram roubados dos seus companheiros, que também foram espancados. Khan perdeu apenas uma caneta, mas o incidente o marcou para o resto da vida.

A viagem de trem terminou na cidade fronteiriça de Munabao, além da qual havia um trecho de oito quilômetros de deserto estéril e, depois, o Paquistão. Zahid Malik descreve a travessia de Khan no estilo de um épico fundacional. Carregando os sapatos e alguns livros e objetos, o jovem A. Q. caminhou descalço pela areia, com bolhas nos pés, para, por fim, chegar à Terra Prometida. Foi morar com um dos irmãos em Karachi, e sua mãe chegou pouco depois. O pai permaneceu em Bopal, onde morreu após alguns anos. Khan inscreveu-se no D. J. Science College de Karachi, onde foi aluno destacado.

O Paquistão tinha então cinco anos de idade. Era ainda uma democracia, embora muito desorganizada. Já havia lutado e perdido sua primeira guerra contra a Índia, por causa do território disputado da Caxemira, região montanhosa e predominantemente muçulmana que, por razões políticas complexas, ficou com a Índia na Partilha. Da derrota na guerra o Paquistão aprendera as lições erradas. Era uma nação pobre, carente de recursos para o embate, mas o povo odiava a Índia e os militares estavam em ascensão. Em 1958, sob o pretexto de que o país sofria ameaças, o Exército paquistanês derrubou o governo democrático e decretou a lei marcial. Não se conhece a reação de Khan. Ele tinha 21 anos e estava por completar os estudos em Karachi. Acreditava, como muitos paquistaneses até hoje, que a Índia nunca aceitara a partilha do subcontinente e (como disse aos amigos) que os hindus eram embusteiros com pretensões hegemônicas. É possível, portanto, que ele tenha aceitado a necessidade de um governo forte.

Em etapa mais avançada de sua vida, Khan se pronunciou publicamente contra o regime militar, apesar de ter propiciado aos generais paquistaneses a arma definitiva e, com ela, arrogância e força renovadas. Mas em 1958 ele ainda era, essencialmente, um jovem apolítico interessado em estudar ciência.

Khan completou os estudos em 1960 e, aos 24 anos, tornou-se inspetor de pesos e medidas em Karachi. Era o tipo de posto público que ele poderia ocupar por toda a vida, no entanto Khan tinha outras ambições e conseguiu financiamento para aperfeiçoar a sua formação no exterior. Em 1961 renunciou ao trabalho e viajou para Berlim Ocidental a fim de estudar engenharia metalúrgica em uma universidade técnica. Tornou-se fluente em alemão. Sentia saudades do Paquistão, mas estava aberto à experiência de viver na Europa e pronto para fazer novos amigos.

Em 1962, de férias em Haia, encontrou a mulher que viria a ser sua esposa. Ele escrevera um cartão-postal e quando pediu informação sobre o valor do selo, foi dela que recebeu a resposta. Era uma moça de vinte anos, de óculos e aparência antiquada, com o nome de Henny. Nascida na África do Sul, filha de emigrados holandeses, passara a infância naquele continente, antes de voltar

siste em isolar e pôr de lado outro isótopo, conhecido como U-238, que é infinitesimalmente mais pesado. Isso é o que faz uma centrífuga, girando em alta velocidade — 70 mil revoluções por minuto, no vácuo, em equilíbrio perfeito, sobre rolamentos da mais alta qualidade —, ligada a milhares de outras unidades que fazem o mesmo.

O urânio natural é convertido em gás e distribuído por uma "cascata" de centrífugas em rotação que executam o enriquecimento progressivamente, por acumulação. Quando se alcança a concentração desejada de U-235, o gás é reconvertido à forma de metal sólido, adequada à alimentação das reações nucleares. Na Urenco, as intenções eram inteiramente pacíficas. O urânio enriquecido produzido na fábrica de Almelo era relativamente inofensivo, destinado à lenta combustão necessária para aquecer a água que faz girar as turbinas de uma usina nuclear. O problema da tecnologia de enriquecimento de urânio, contudo, está em que uma mudança de propósito para fins militares requer muito pouca coisa além de uma mudança de atitude. Uma vez projetadas, instaladas e em operação, as centrífugas do tipo utilizado na Urenco eram (e são) perfeitamente capazes de prosseguir com o enriquecimento, superar o limite comercial e atingir uma concentração de mais de 90% de U-235, que vem a ser o limiar necessário para uma bomba de fissão. Com efeito, se o seu propósito fosse, desde o início, produzir um arsenal nuclear, você usaria exatamente as mesmas máquinas e apenas as deixaria funcionar em cascata por mais tempo. Ao final do processo, você teria um material de teor militar igual ao urânio altamente enriquecido que destruiu Hiroshima — um pedaço de metal cinzento e opaco com base no qual técnicos competentes poderiam fabricar uma bomba atômica.

Na Urenco e na FDO, o perigo parecia bem distante da vida diária, mas era aceito como uma possibilidade abstrata. Até mesmo os porteiros sabiam que ali se trabalhava na vanguarda de uma tecnologia que poderia ser usada para pulverizar cidades e rasgar o céu. Por isso, os detalhes operacionais de ambas as companhias eram guardados como segredos de Estado, e Khan — como outros empregados — necessitava de um passe de segurança para ser admitido no trabalho. Isso não chegou a constituir um problema. O serviço de segurança interna da Holanda fez uma investigação e Khan foi aprovado. Mais tarde, isso acabou se tornando objeto de muitos comentários, como se a investigação tivesse sido demasiado superficial, mas Khan tinha ótimas referências e uma ficha limpa e, na época, não tinha noção do que logo dominaria sua mente. Khan estava com 36 anos, era um marido diligente e pai de duas filhas. Ele se mudou com a família para uma bela casinha em uma bela cidadezinha e se dedicou a desfrutar uma vida pacata na Holanda.

A história veio, então, à caça de Khan. Como tantas vezes acontece, o fator crucial foi a guerra. Na primavera de 1971, depois de passar anos recebendo tratamento discriminatório do Paquistão Ocidental, a parte dominante do país, o Paquistão Oriental levantou-se em rebelião e começou a fazer agitações em favor da independência, como uma nova nação, denominada Bangladesh. Os militares paquistaneses reagiram brutalmente e uma cruel guerra civil eclodiu nos deltas e nas planícies de Bengala. A luta prosseguiu sem definição durante a maior parte do ano, gerando enormes baixas entre a população civil e levando milhões de pessoas a cruzar a fronteira em busca de refúgio na Índia. A reputação internacional do Paquistão, que nunca fora boa, chegou aos níveis mais baixos da história. A Índia soube estimar corretamente o efeito geopolítico desse acontecimento e, encorajada por sua amizade com a União Soviética, aproveitou a oportunidade para desmembrar o inimigo e assim arquitetou uma invasão maciça do Paquistão Oriental fazendo uso de uma força de guerra descomunal. As batalhas tiveram curta duração. O Exército paquistanês, até então pomposo e empertigado, entrou em colapso e, em dezembro de 1971, em uma cerimônia humilhante em um estádio de Daca, rendeu-se de maneira incondicional. Noventa e três mil soldados paquistaneses foram feitos prisioneiros. Assim nascia uma Bangladesh independente, para o que desse e viesse.

Décadas depois, parece óbvio que a perda de Bangladesh foi uma bênção, mas no Paquistão ela é vista como uma maldição, ainda hoje e muito mais naquela época. O trauma foi severo. O regime militar caiu e o maior líder civil do Paquistão — o populista e, segundo alguns, demagogo Zulfikar Ali Bhutto, democraticamente eleito — assumiu o poder. Bhutto era um visionário e parecia acreditar de fato que nascera para salvar o país. As lições por ele tiradas da derrota eram semelhantes às dos demais paquistaneses e, portanto, às de A. Q. Khan. Este, ainda em Louvain, terminava sua dissertação, embora estivesse atento ao que acontecia no seu país. Por algum tempo, o Paquistão tornou-se introspectivo e autocrítico, mas, tão logo se completaram os expurgos internos, a culpa no que se referia a Bangladesh foi transferida para fora. O Paquistão perdera a quinta parte do território e mais da metade da população — e para os hábeis indianos, que então pareciam que iam ficar com tudo. Para piorar as coisas, o Paquistão fora abandonado, quando mais precisava, pelos seus aliados mais importantes — a China e os Estados Unidos —, cujo poder tinha sido contrabalançado pela União Soviética e cujas armas nucleares se comprovaram desprovidas de qualquer valor. Apenas as nações islâmicas se alinharam com o Paquistão, mas, como grupo, elas eram débeis e desprezadas, incapazes de proporcionar algo mais do que ajuda simbólica. Depois de tudo, 24 anos após a Partilha, o Paquistão parecia estar em perigo de morte e era óbvio que não podia confiar em nada mais do que em si próprio. Vista a partir da perspectiva atual de um mundo posterior à Guerra Fria, a conclusão à época tirada pelos paquistaneses se apresenta como um anúncio dos tempos modernos.

O que talvez Khan não soubesse, mas que Bhutto certamente sabia, era que a Índia havia chegado às mesmas conclusões e estava na dianteira no caminho que a levaria à bomba atômica. A intenção de tê-la data aparentemente do período anterior à Partilha, quando Jawaharlal Nehru, já pensando na independência, disse: "Espero que os cientistas indianos usem a força do átomo para propósitos construtivos, mas se a Índia se vir ameaçada, inevitavelmente ela procurará defender-se por todos os meios à sua disposição". Na literatura atual sobre a proliferação nuclear, enumeram-se critérios para explicar por que algumas nações escolhem desenvolver armas nucleares. Será em função de ameaças externas e defesas estratégicas? Por prestígio internacional e poder diplomático? Por lutas burocráticas? Populismo, nacionalismo e necessidade de impressionar o povo nas ruas? Quanto à Índia, parece ter havido uma combinação de todos esses fatores, com particular ênfase na defesa estratégica, após a derrota humilhante sofrida para a China, bem como no primeiro teste de uma bomba atômica chinesa, realizado em 1964. O programa indiano foi levado a efeito de maneira semi-secreta, estreitamente ligado a um programa público de geração de energia nuclear e em parte oculto por ele: as armas não usariam como combustível o urânio enriquecido. Elas teriam em seu cerne o plutônio, um subproduto dos reatores de urânio que pode ser extraído por meios químicos a partir dos resíduos radioativos. Quanto às conseqüências, as diferenças entre o urânio enriquecido e o plutônio não são relevantes: o primeiro foi usado contra Hiroshima e o outro contra Nagasaki, e ambos os materiais, uma vez adequadamente comprimidos em bombas de fissão, podem liberar energia suficiente para devastar o Paquistão. O Paquistão protestou em diversas capitais do mundo e pediu uma intervenção diplomática, sem contudo obter êxito.

Embora a existência de um programa nuclear militar indiano fosse evidente, nenhuma sanção foi imposta. E, na verdade, o Canadá, a França e os Estados Unidos continuaram a ajudar a Índia nos seus planos supostamente pacíficos de usinas nucleares.

O Paquistão também tinha seu programa de usinas nucleares, ainda que num estado inferior de desenvolvimento. Na década de 1950, o presidente Dwight D. Eisenhower lançara um programa, mais tarde desacreditado, que se denominava Átomos para a Paz, por intermédio do qual os Estados Unidos, numa atitude benevolente, assegurariam a paz mundial com seu arsenal nuclear, que crescia rapidamente, ao mesmo tempo que prestariam assistência a outros governos, com tecnologia e treinamento para o desenvolvimento de geração de energia por meio de usinas nucleares — como se essa capacitação fosse dissociada do desenvolvimento de bombas atômicas. O Paquistão respondeu com a criação da Comissão Paquistanesa de Energia Atômica [Pakistan Atomic Energy Commission — PAEC], que de início não tinha maiores interesses em armas e, se algum progresso fez, efetivamente concentrou-se na área da geração de energia elétrica. Em meados da década de 1960, contudo, paquistaneses influentes começaram a argumentar em favor da intimidação nuclear contra a Índia. Bhutto, então ministro do Exterior, pronunciou a frase que se tornaria famosa: os paquistaneses, se preciso, comeriam capim, mas teriam a sua bomba.

Nas desesperadoras circunstâncias em que Bhutto assumiu o cargo de primeiro-ministro, em 1971, não chega a surpreender que ele tenha começado a trabalhar quase que imediatamente para transformar o sonho em realidade. Um mês depois da rendição do Exército paquistanês em Bangladesh, Bhutto convocou cerca de setenta cientistas paquistaneses para uma reunião secreta, realizada sob um toldo, numa clareira de uma cidade do Pendjab, e a eles pediu a bomba nuclear. Não se referia a apenas uma, é claro: queria um arsenal inteiro e, mais importante, queria a capacidade de produzi-las do primeiro ao último detalhe. Embora alguns discordassem e questionassem a sabedoria do caminho proposto, a maioria dos cientistas reunidos reagiu com entusiasmo — e chegou a prometer a conclusão no prazo impossível de cinco anos.

Como sempre, o problema maior que eles enfrentavam não era o de projetar a bomba, mas sim o de adquirir o material físsil necessário para alimentá-la. Para gerir o programa, Bhutto recorreu à PAEC, para a qual nomeou outro diretor — um engenheiro nuclear de nome Munir Ahmed Khan, formado nos Estados Unidos, que trabalhara durante treze anos para a IAEA, em Viena. Munir Ahmed Khan não era parente de A. Q. Khan e no futuro se tornaria seu inimigo, mas nessa altura os dois ainda não se conheciam. Sem nenhuma instalação disponível no Paquistão para o enriquecimento de urânio, Munir Khan e a PAEC lançaram-se em 1971, como fizera a Índia, à fabricação de uma bomba de plutônio. Planejavam extraí-lo secretamente dos resíduos radioativos de um pequeno gerador de origem canadense que estava justamente entrando em operação. Embora o Paquistão não fosse signatário dos acordos internacionais de não-proliferação, o que implicaria a supervisão dos materiais físseis como contrapartida da assistência ao desenvolvimento de uma indústria nuclear, os canadenses haviam requerido que o seu reator ficasse sob o controle da IAEA: o combustível devia ser contabilizado antes e depois da utilização, de modo a se verificar a não-ocorrência de desvios ou alterações químicas. Dada a sua familiaridade com a IAEA, no entanto, Munir Ahmed Khan não estava preocupado em demasia. Presume-se que ele acreditava que os controles seriam suficientemente frouxos, ou que o Paquistão pudesse, de alguma forma, adquirir mais plutônio para alimentar o reator. Sua necessidade maior era, portanto, uma unidade de extração de plutônio — que os franceses depois concordaram em suprir.

Não há dados que indiquem que A. Q. Khan, então consultor da FDO em Amsterdam, já estivesse a par da escalada nuclear no subcontinente indiano. Mas em 18 de maio de 1974 teve lugar um evento que não deixou margem a dúvidas: sob o deserto do Rajastão, provocativamente próximo à fronteira com o Paquistão, a Índia detonou um artefato de fissão, com base em plutônio, cujo poder era comparável ao da bomba de urânio que destruíra Hiroshima. A primeira-ministra indiana, Indira Gandhi, assistiu à explosão. O solo do deserto levantou-se e uma mensagem de êxito foi enviada em código à capital, Nova Délhi. Dizia: "Buda está sorrindo". A Índia explicou ao mundo que se tratava de um teste pacífico e afirmou que um artefato nuclear não é intrinsecamente mais ameaçador do que qualquer outro explosivo, pois o caráter do artefato depende do uso que a ele se pretende dar. A Índia, como se sabe, é uma nação pacífica. O mundo não ficou convencido, porém a reação foi pequena.

Longe, em Amsterdam, A. Q. Khan viu no sorriso de Buda o anúncio da destruição do Paquistão. Ele já trabalhava na FDO havia dois anos e, graças ao acesso que tinha à tecnologia de centrífugas da Urenco, percebeu que estava em condições de ajudar o país a enfrentar a ameaça. Aparentemente por conta própria, ele decidiu agir. Diz-se que logo depois do teste indiano Khan procurou dois engenheiros graduados que estavam visitando a Holanda para comprar um túnel aerodinâmico; contudo, ao mencionar seus antecedentes e o desejo de regressar ao Paquistão a fim de ajudar no desenvolvimento da sua capacitação nuclear, foi por eles desencorajado, com o argumento de que sua especialização não era adequada e que talvez ele nem sequer conseguisse emprego. Essa é uma das histórias típicas que Khan contaria mais tarde com crescente rancor, quando ele já se via como um herói, na terceira pessoa, como o salvador da nação, lutando contra a perigosa desatenção alheia. Mas como essa história é bastante plausível, pode ser mesmo verdadeira.

Khan não era dos que desistem facilmente. No verão de 1974 enviou uma carta ao primeiro-ministro Bhutto, apresentando suas credenciais, resumindo o potencial das centrífugas e oferecendo seus serviços. Bhutto respondeu por meio da embaixada em Haia. Os dois se encontraram em dezembro de 1974, em Karachi, onde Khan e a família chegaram para o ano-novo. Ele mostrou-se favorável a um programa de enriquecimento de urânio, um caminho para a bomba que assegurou ser mais rápido que o da busca do reprocessamento de plutônio, escolhido então por Munir Khan e que já estava em andamento.

Pode-se dizer que o projeto de plutônio enfrentou dificuldades desde o início porque paradoxalmente os canadenses reagiram ao teste nuclear indiano, começando por retirar o apoio ao seu reator no Paquistão. O governo paquistanês expressou indignação ante as ações canadenses, mas não pôde escapar das conseqüências do novo discurso público feito por Bhutto em favor da bomba atômica. Munir Khan e seus engenheiros da PAEC asseguraram ao primeiro-ministro que tinham a capacidade de operar o reator novo sem assistência canadense e insistiram em que, com a iminente unidade de extração de plutônio francesa, o plano original devia ser mantido. Embora não discordasse, Bhutto percebeu as vantagens de montar um esquema paralelo de enriquecimento de urânio e resolveu de imediato colocá-lo sob a chefia de A. Q. Khan.

E Khan não precisava ser empurrado. Antes mesmo do sinal verde de Bhutto, ele já estava trabalhando. Durante dezesseis frutíferos dias no outono de 1974 ele ficou em Almelo, em missão especial na Urenco, onde já ajudara com a tradução do alemão para o holandês de planos secretos de centrífugas e podia, no seu tempo livre, passear à vontade pelos edifícios, entre as centrífugas e dentro dos escritórios, fazendo abundantes anotações em urdu. Em certos lugares em que ele esteve seu acesso não foi permitido, mas nunca ninguém chegou a interferir. Algumas pessoas perguntaram sobre o que eram suas anotações e ele respondia, numa meia verdade, que estava escrevendo cartas para o Paquistão.

Depois de conversar com Bhutto no Paquistão, Khan voltou a Amsterdam para obter mais informações. Era o começo de 1975. Ele estava com 38 anos e gozava de grande estima na FDO. Como de hábito, chegou ao laboratório com cartões-postais, doces e outros presentinhos para os técnicos. Apesar dos segredos que se guardavam na empresa, a atmosfera era ainda mais relaxada e aberta do que na Urenco, sem nenhuma segurança visível e nenhum vestígio da cultura de suspeita que os governos talvez preferissem impor. Em uma caixa havia protótipos desprezados de peças de centrífugas — componentes que possivelmente não seguiram as devidas especificações. Permitia-se aos empregados apanhar pedaços para colocar como lembrança em cima da mesa de trabalho. Khan passou não só a examinar as peças das centrífugas, como também a levá-las para casa. Acredita-se que alguns desses componentes chegaram à embaixada do Paquistão, que fora instruída por Islamabad a cooperar.

Trinta anos depois me encontrei com um companheiro de trabalho de Khan em 1975, um mecânico da FDO chamado Frits Veerman, então com 62 anos, que me levou a Almelo. Era o seu primeiro retorno à unidade de centrífugas da Urenco em todo esse tempo. Veerman revelou-se um holandês típico, respeitador da lei, com a mania enlouquecedora de obedecer estritamente, como motorista, aos limites de velocidade mesmo em estradas com quatro pistas e sem tráfego. Descobri que andar de carro com ele era uma forma de tortura desconhecida no Paquistão. E logo vi que conviver com ele devia ser ainda pior: a mulher e os filhos achavam que Veerman ficara obcecado com Khan e queriam que ele esquecesse o assunto, mas o homem ficara marcado pelos atos do colega e, fosse porque o nosso encontro era um pequeno contato com a fama, fosse porque ele realmente tivesse ficado perturbado pela proliferação de armas nucleares, ele não parava de repetir a história.

Disse-me que ele e Khan foram grandes amigos. Acho que os dois eram profissionais aplicados — pelo menos na medida em que as centrífugas pareciam realmente fasciná-los. Sempre que Khan ou Veerman descobriam algo interessante no chão do laboratório da FDO, juntavam-se para estudar o achado e compartilhar essa alegria. Compartilhavam outros entusiasmos também. Quando a temperatura esquentava e as mulheres de Amsterdam começavam a andar pelas ruas com roupas mais curtas, os dois amigos saíam passeando pela cidade para apreciar a beleza das formas femininas.

Khan, em particular, enamorava-se facilmente e saía, de vez em quando, atrás de uma mulher, apesar dos esforços de Veerman para voltar ao trabalho. Perguntei-lhe se isso significava que Khan freqüentava prostitutas e a resposta que ele me deu, com ar de espanto e lamento, foi semelhante a tantas outras: "Não sei!" — como se já não pudesse ter certeza de nada.

Mas é praticamente certo que Khan era um bom chefe de família e, por isso mesmo, um bom espião. Veerman ainda era solteiro na época e às vezes era convidado para jantar. Henny era menos gregária do que Khan e, embora fosse graciosa e gentil, vivia um pouco na sombra do marido. As duas filhas eram jovens e agradáveis. A família falava inglês em casa. Veerman sempre levava para esses encontros cinco quilos de queijo, ou mais, porque tinha parentes que eram produtores tradicionais e porque Henny tinha predileção especial por queijo. As refeições consistiam tipicamente de galinha assada e arroz. Khan era um grande apreciador das galinhas holandesas, que achava mais saborosas do que as paquistanesas.

As bebidas eram não alcoólicas. As cortinas da sala ficavam abertas de noite, ao estilo holandês, com todas as luzes acesas para que quem passasse pela rua pudesse ver tudo que acontecia dentro da casa. Veerman também acreditou, por algum tempo, que tudo transcorria bem ali, embora tivesse notado, em diversas ocasiões, a presença de documentos confidenciais em uma escrivaninha na casa de Khan, o que aparentemente era uma violação aos procedimentos de segurança do laboratório. Uma vez o amigo comentara que Henny o estava ajudando nas traduções. Era tão claro que ele não tinha a intenção de esconder os documentos que Veerman supôs que Henny tivesse sido investigada e aprovada, e até que estivesse sendo paga. Havia ocasiões em que outros paquistaneses apareciam para o jantar. Não mencionavam em que trabalhavam e Veerman não perguntava. Muito tempo depois, quando o próprio Veerman foi acusado de ajudar Khan, agentes da Inteligência holandesa lhe mostraram fotografias daqueles mesmos homens e lhe disseram que eles provinham da embaixada do Paquistão e eram espiões. É provável que nos jantares a que Veerman comparecia projetos e outros documentos fossem passados adiante. Mas tudo era feito de maneira tão correta — tão normal e tão às claras — que o que Veerman sentia basicamente era prazer de estar sendo recebido como amigo. Provavelmente também sentia certo orgulho. O mesmo padrão ocorria no laboratório, onde Khan mandava pedidos formais e escritos a Veerman para que tirasse fotografias detalhadas das centrífugas e de seus componentes. Tirar fotografias era parte do trabalho cotidiano de Veerman e, graças ao seu respeito europeu pela hierarquia, ele obedecia sem questionamentos.

No carro, ele me disse: "Para mim, Abdul era um doutor e eu era apenas uma pessoa normal — você compreende?".

Eu disse que sim e dei um suspiro.

A história prosseguia, praticamente em tempo real. Por fim,

Veerman suspeitou que havia algo estranho com Khan. Naqueles anos, Veerman gostava de passar suas férias em países estrangeiros, sobretudo quando se hospedava com gente do local e via a vida através dos pontos de vista deles. Ele não sentia muita atração pelo Paquistão, mas um dia Khan sugeriu vivamente que ele fizesse a viagem e que se hospedasse na casa de amigos e parentes. Veerman aceitou de pronto a oportunidade. Khan fez uma lista dos lugares que mereciam ser visitados e deu informações sobre vôos diretos para o Paquistão a partir de Londres. Veerman começou a fazer os planos.

Khan certamente tinha em mente algo mais do que a hospitalidade. Veerman era apenas um amigo do trabalho. Apesar da aparência simples, era um técnico altamente especializado em centrífugas, cheio de habilidades úteis e conhecimentos secretos. Da nossa perspectiva atual, era óbvio que Khan esperava envolvê-lo, ou seduzi-lo de algum modo, para usá-lo no projeto de fabricação da bomba paquistanesa. O plano poderia ter funcionado, mas então Khan se ofereceu para pagar a passagem de Veerman.

E isso foi um erro tremendo. É fato científico que nenhum outro povo em nenhum outro lugar do mundo é tão moralista quanto os holandeses. Naturalmente, o Paquistão tem a fama oposta, mas há quanto tempo Khan vivia na Holanda? Para dizer o óbvio, Veerman ficou tão chocado com a oferta do amigo que a recusou de imediato. Ele revelou que uma luz se acendeu em seu cérebro. Os passeios de Khan pela FDO e pela Urenco voltaram-lhe à mente, assim como os papéis confidenciais que vira na sua casa, os misteriosos convidados paquistaneses, as freqüentes conversas que ele mantinha, em urdu, no seu telefone no trabalho, as fotografias que pedira e o próprio entusiasmo que mostrava pelas centrífugas. Veerman lembra-se de que Khan tinha um grande anel de ouro e uma vez dissera que, se algum dia tivesse de fugir, venderia o anel e retornaria para seu país. Era uma piada, porém àquela altura Veerman não achava mais graça. Que tipo de homem tem a fuga planejada no dedo? E que tipo de homem desprezaria o abraço tão gentil que a Holanda lhe dava? Veerman se deu conta de que seu amigo Abdul era um espião.

De repente, preocupado com a sua própria segurança, inventou uma desculpa para cancelar a viagem ao Paquistão e começou a distanciar-se cautelosamente de Khan. Entretanto, na melhor das hipóteses, essas eram medidas provisórias. Veerman sabia que na próxima ocasião em que Khan lhe pedisse formalmente fotografias ele teria de lhe explicar por que não iria mais tirá-las. E como contava com a confiança dos superiores para trabalhar com segredos de Estado, ele acreditava ter a responsabilidade moral de soar um alarme. A questão era saber como. Veerman não tinha provas e se sentia intimidado diante da idéia de fazer acusações contra uma pessoa de nível hierárquico muito mais elevado. Até onde ele sabia, nem a FDO nem a Urenco dispunham de procedimentos específicos para casos como esse ou normas para assegurar seu anonimato.

Veerman tentou assegurar-se por conta própria. Usou um telefone público e, sem se identificar, pediu para falar com o diretor da Urenco em Almelo. A chamada foi transferida para outra pessoa. Uma nova tentativa foi feita com a FDO em Amsterdam, mas tampouco foi bem-sucedida. Por fim, desistindo das tentativas de proteger-se com o anonimato, levou pessoalmente suas preocupações ao seu chefe no laboratório. Este se mostrou visivelmente cético, porém disse que falaria com os superiores. Poucos dias depois, chamou Veerman em particular e o repreendeu. Disse que tais alegações eram demasiado sérias para serem feitas sem provas e o advertiu para que não tornasse a causar problemas no laboratório.

A FDO estava dominada pela inércia institucional. Veerman supôs — como supõe até hoje — que nada foi feito após seu alerta. E teve sorte, porque Khan nunca mais lhe pediu fotografias. Além disso, a falta de vontade do laboratório em confrontar-se com Khan propiciou a ele o desejado anonimato: Khan nunca suspeitou que o amigo o tivesse traído. Contudo, mais ou menos naquela época, o governo holandês foi informado de que um agente paquistanês, trabalhando a partir da embaixada do seu país em Bruxelas, tentara comprar um componente especial das centrífugas, do qual parecia ter tomado conhecimento através da FDO. Componentes especiais são coisa rara no negócio da fabricação de bombas. O governo holandês comunicou discretamente ao laboratório o que apurara — com a precaução de alertar para o fato de que as provas eram ambíguas e inconclundentes. Em outubro de 1975, a FDO afinal reagiu e promoveu Khan a um posto novo e menos suscetível, e que o manteria afastado da tecnologia da Urenco. A permanência de Khan na Europa havia chegado ao fim. Mas ele nunca esteve sob pressão a ponto de ter de vender o anel para fugir. Dois meses depois da promoção, em dezembro de 1975, ele simplesmente tomou o avião com a família para passar o ano-novo no Paquistão e nunca mais voltou.

Khan já havia conseguido copiar os planos do mais avançado processo de enriquecimento de urânio conhecido no Ocidente. Durante as décadas seguintes, o projeto de centrífugas da Urenco, que seria a base do desenvolvimento do programa paquistanês de armas nucleares, ressurgiria nos programas da Líbia e da Coréia do Norte, e apareceria também (acredita-se que por vias independentes) no Brasil e no Iraque. E ainda faria o caminho direto do Paquistão ao Irã. Mas a aparência de normalidade naquela época era tal que nem a Urenco nem a FDO acordaram para o que havia ocorrido. Primeiro Khan enviou uma mensagem do Paquistão informando que contraíra febre amarela e que teria de permanecer no país até 1976; posteriormente explicou que encontrara um trabalho novo e importante e que por isso lamentava ter de renunciar ao seu cargo na FDO a partir de 1º de março. As relações se mantiveram amigáveis porque Khan não mostrou nenhuma tendência a evitar contatos ou a esconder-se. Ele era narcisista. Tão imbuído do seu próprio valor que aparentemente não sentiu culpa, mesmo no nível pessoal, por ter traído a confiança de que desfrutara, e se recusou a crer que as pessoas decentes — por exemplo, seus velhos amigos europeus — pudessem considerar que ele tivesse feito algo de errado.

Essas atitudes precedem seu retorno ao Paquistão. Ele aprendera o suficiente nos contatos com a Urenco para mentir a respeito da natureza das suas cartas para o Paquistão, e é provável que tivesse alguma consciência de que estava sujeito a ser processado; mas foi um espião bem-sucedido em grande medida porque, devido à sua personalidade, era dono de uma maneira aberta de agir. A Holanda e o Paquistão não eram adversários, é importante frisar, e Khan parece ter sido possuído pelo sentimento de estar desenvolvendo um projeto legítimo, que não afetava a Holanda e que, por isso mesmo, era um assunto dele e de mais ninguém. De sua parte, os dirigentes da FDO permaneceram confusos. Sabiam que Khan estava envolvido em algum grande projeto governamental no Paquistão, e só podem ter imaginado que ele iria produzir centrífugas. Não obstante, continuaram a comunicar-se com ele e, em 1977, quando enviaram um representante a Islamabad, chegaram a lhe vender um caro instrumental ao estilo da Urenco. Levando em conta a importância da transação e o risco de provocar sua própria ruína, não parece que a motivação da FDO fosse a ganância. É mais provável que estivessem simplesmente desatentos e meio adormecidos.

Veerman, ao contrário, estava desperto e nervoso. Mesmo à distância, Khan continuava a cultivá-lo como fonte de informações secretas. Em janeiro de 1976, ele escreveu:

Caro Frits, já faz quase um mês que deixamos a Holanda e pouco a pouco começo a sentir falta das deliciosas galinhas daí. Toda tarde eu penso: vou perguntar ao Frits se ele quer comer galinha.

Depois de outra carta leve e amistosa, em que exaltava a beleza da primavera em Islamabad e renovava o convite para que Veerman o visitasse, Khan escreveu duas vezes mais e então entrou no assunto. Em uma delas, ele disse:

> Muito confidencialmente, peço a sua ajuda. Preciso com urgência do seguinte para o nosso programa de pesquisa:
> 1. Acidulação dos pivôs:
> (a) Tensão — quantos volts?
> (b) Eletricidade — quantos amperes?
> (c) Quanto tempo deve durar a acidulação?
> (d) Solução (eletrolítica) HCl ou alguma outra coisa é acrescentada como inibidor?
>
> Se possível, [ficaria] agradecido por 3-4 pivôs acidulados. Ficarei muito grato se você puder mandar alguns negativos para o padrão. Você deve ter esses negativos.
> 2. Amortecedor de baixo. Você pode conseguir um amortecedor completo de CNOR? Por favor, dê minhas lembranças a Frencken, e tente conseguir um exemplar para mim. Você pode encomendar ou conseguir em peças. De qualquer maneira, eu quero lhe pedir com muito empenho que me mande alguns exemplares (3 ou 4) de membranas e algumas molas de aço que são usadas no amortecedor...
>
> Frits, essas coisas são necessárias com grande urgência, sem o que a pesquisa terá de parar. Tenho certeza de que você pode consegui-las para mim. Essas duas coisas são bem pequenas e eu espero que você não me desaponte.

Veerman não respondeu e levou as cartas para seu supervisor no laboratório. O supervisor o aconselhou a cortar o vínculo por completo e destruir as cartas, e o advertiu de que, se não procedesse assim, poderia parar na cadeia. Veerman, com raiva, ignorou o conselho, guardou as cartas e continuou a pressionar a companhia para que tomasse uma medida — pelo menos é o que ele diz agora. A medida por fim adotada foi a demissão de Veerman, porque ele era realmente insuportável. Durante algum tempo, ele ficou desempregado. Nesse período, foi contatado por agentes holandeses que estavam tentando seguir a pista de Khan, com grande atraso.

Os agentes levaram Veerman a uma prisão em Amsterdam, onde ele foi interrogado por dois dias. Como se podia esperar, o interrogatório acabou se transformando numa confrontação. Os agentes o acusaram de espionagem, mas não eram competidores à sua altura e tiveram que recuar diante de sua revolta. Ele, por seu lado, acusou-os de terem cometido um enorme erro ao permitir que aquela tecnologia lhes escapasse. E para quê, ele perguntou, para o lucro de umas poucas companhias holandesas? Os agentes deviam ser meio estúpidos. Um deles disse: "Você criou confusão".

Veerman respondeu: "Não. *Vocês* criaram confusão! Eu era um técnico com credencial de segurança e encontrei um espião no meu laboratório!".

"Isso não é problema seu."

"É, sim senhor! Eu tenho a credencial de segurança máxima!"

"Vá para casa. E não fale mais sobre isso. É perigoso para a Holanda. Vá para casa."

Veerman foi para casa, mas começou a falar com repórteres locais. E os comentários circulavam, não só a respeito do que Khan poderia ter feito em Amsterdam, como também, por inferência lógica, acerca do que ele poderia estar fazendo naquele momento. Veerman permaneceu sob a vigilância dos serviços de segurança holandeses por mais de um ano. Depois se entocou na burocracia de uma empresa de seguros de saúde, onde passou o resto da sua vida útil.

Na imprensa continuavam a aparecer notícias sobre a espionagem de Khan, e elas provocaram respostas emocionais do próprio Khan e de seus amigos, que acreditavam, no final da década de 1970, que uma campanha de difamação estava em curso no Ocidente. Em 1980, Khan respondeu a uma matéria no *Observer* da Inglaterra com uma ácida carta ao editor, na qual negava estar trabalhando em um projeto para a fabricação de uma bomba atômica. Ele escreveu:

> A matéria sobre o Paquistão na edição de 12/9/1979, de Colin Smith e Shyam Bhatia, é tão vulgar e mesquinha que eu considero um insulto ter de ponderar sobre ela. Em poucas palavras, trata-se de uma bobagem, cheia de mentiras, insinuações e jornalismo barato, escrita por dinheiro e para alcançar publicidade fácil. Shyam Bhatia, um hindu desclassificado, é incapaz de escrever objetivamente o que quer que seja sobre o Paquistão. Ambos fazem insinuações como se a Holanda fosse uma fábrica de bombas atômicas, onde se pudessem comprar, em vez de bolas de queijo, "mecanismos de ativação". Será que vocês pensaram um momento que seja no significado dessa palavra? Claro que não, porque não sabem a diferença entre a boca e o rabo de um burro.

O estilo é o de um Khan clássico, mas ainda inicial, e já prenunciava o crescente problema que ele tinha em ser discreto. A carta era fumaça sobre o fogo. No entanto, apesar das óbvias mentiras, e do fato de que Khan tinha efetivamente deixado o país com informações delicadas, era difícil provar, de acordo com o direito holandês, que ele era um espião. Em 1980, o governo da Holanda emitiu uma nota constrangida, em que concluía que Khan provavelmente havia roubado projetos de centrífugas, mas assinalava que os elementos de prova eram fracos e circunstanciais. Três anos depois, após novas investigações, quando os holandeses finalmente o processaram, não o fizeram por espionagem, e sim pelas cartas que ele escrevera a Veerman para solicitar informações confidenciais. "Tentativa de espionagem" foi o máximo que os promotores conseguiram alegar com alguma base. Khan foi condenado à revelia e recebeu a sentença de quatro anos de prisão.

Khan viu aí a atuação de forças obscuras. Zahid Malik escreve fielmente: "Esse tribunal era composto por três juízes e presidido por uma mulher que era judia. Havia outro juiz que também era judeu. Parecia que o processo fora instaurado por pressão do primeiro-ministro de Israel e o veredicto foi igualmente elaborado em Tel Aviv".

Se assim foi, os sionistas se mostraram estranhamente inábeis porque Khan nunca recebeu o enquadramento adequado. Dois anos depois, em 1985, um tribunal de apelação da Holanda revogou a condenação por motivos processuais. Khan apareceu na televisão paquistanesa, pela primeira de muitas vezes, e disse: "Essa alegação era falsa e de má-fé. Estou feliz porque o caso está encerrado e porque não só o meu prestígio, que foi afetado, foi restaurado como, além disso, todas as alegações que estavam sendo feitas contra o programa nuclear do Paquistão foram arquivadas". Nem o próprio Khan acreditava nisso, mas ele se sentia forte e não conseguia deixar de se gabar. Uma década transcorrera desde o seu regresso da Holanda e, como os serviços de inteligência de outros países começavam a reconhecer, naquele curto período o Paquistão já havia alcançado a capacidade de fabricar bombas atômicas.

O comparecimento de Khan na televisão foi, portanto, um escárnio. Algumas das potências ocidentais prognosticaram, com arrogância, que em um lugar como o Paquistão isso não podia ser feito, e Khan — apresentando-se abertamente como porta-voz de todas as nações subdesenvolvidas do mundo — se rejubilava diante das câmeras por ter provado o erro dos ocidentais.

Algum dia, quando o armamento nuclear dos pobres estiver quase completo — digamos, quando algumas dezenas de países de quarta categoria tiverem adquirido esse poder destrutivo —, as pessoas talvez continuem a criticar os holandeses, como fazem hoje, por ter permitido que Khan obtivesse esse perigoso conhecimento e fugisse com ele. A verdade, contudo, é que os furtos de Khan na Holanda eram tão evitáveis quanto os dos espiões soviéticos nos Estados Unidos. Pior ainda, como aconteceu em outros casos famosos de espionagem nuclear, os segredos por ele roubados apenas proporcionaram atalhos em um caminho que já era bem conhecido. Uma vez que Bhutto tomou a decisão de ter a bomba, já não era possível impedir que sua nação a conseguisse. Isso é aplicável a qualquer outro país que esteja determinado a fazê-lo, assim como é verdade, atualmente, para a Coréia do Norte e para o Irã. O êxito fulminante de Khan caiu como um choque porque transformou um país insignificante como o Paquistão em um país insignificante mas bem armado. Se adotarmos, porém, uma perspectiva mais profunda e tratarmos de nos antecipar à continuação da proliferação nuclear, não nos bastará focalizar a perda de segredos de Estado ou culpar os holandeses.

Khan já afirmou repetidas vezes que os planos que ele obteve na Holanda estavam longe de ser suficientes. Construir os milhares de centrífugas que eram necessários e pô-las em uso implicava encontrar soluções para um enorme leque de problemas práticos e equipar as novas instalações industriais com uma tecnologia que estava além do alcance das capacidades internas do Paquistão. A solução por ele sugerida, depois do seu regresso ao Paquistão, foi a aquisição da tecnologia peça por peça de fabricantes e consultores ocidentais.

Khan tinha noção de onde realizar essas compras porque havia guardado os nomes e os endereços que conseguira na Europa e sabia o que cada um podia propiciar e por que o faria. Mais tarde ele alardeou que foi esse conhecimento, e não o chamado roubo dos projetos, o que mais ajudou o Paquistão a construir a bomba.

Os mercados em que ele operou eram mais cinzentos do que negros porque, com poucas exceções, o equipamento e os materiais tinham usos múltiplos e só provocariam questionamentos se a intenção nuclear fosse abertamente declarada. Para os componentes mais sensíveis, Khan usou empresas de fachada, falsos certificados de uso final e locais de destino em outros países, de modo a disfarçar o uso efetivo. Mas, em geral, ele próprio, ou seus agentes, saíam e adquiriam o que era necessário. A lista era longa. Instrumentos mecânicos, ímãs, aços exóticos, bombas de vácuo, rolamentos e todo tipo de instrumental. Os fabricantes que lhe fizeram as vendas, assim como os professores europeus que atuaram como seus consultores, tendiam, de boa vontade, a ser ingênuos e ambiciosos. Os que foram questionados por autoridades ocidentais invariavelmente afirmavam crer que estavam ajudando um país pobre a fazer pesquisas pacíficas.

O Paquistão realmente era um país pobre, e mais ainda por causa da fortuna que estava gastando com esse programa. As armas nucleares são baratas em comparação à destruição que causam, no entanto, em termos absolutos, são bem caras. Me disseram que Khan se dispunha a pagar duas ou três vezes mais como recompensa por entregas rápidas e sigilosas. Esse dinheiro lhe dava prazer e gastá-lo lhe conferia poder. Ele se sentia recompensado pelo fato de que, nos mesmos países em que estava sendo vilipendiado como espião, tantas pessoas o procuravam para implorar, como ele próprio descreveu, a possibilidade de fazer negócios com ele. Tampouco escapou à sua atenção que um desses países era o antigo senhor colonial do Paquistão e que os que lhe imploravam eram brancos. Por vezes, quase se sentia feliz pelo sucesso nuclear dos vizinhos, aqueles hindus desclassificados de pele escura.

Khan nutria um ressentimento particular por duas potências nucleares tradicionais. Respondendo a críticas contra o programa nuclear do seu país, ele escreveu uma carta amarga à revista alemã *Der Spiegel*, em que disse:

> Quero questionar a atitude prepotente dos americanos e dos ingleses. Por acaso esses safados foram designados por Deus como guardiães do mundo com direito a acumular milhares de ogivas nucleares e autorizados por Deus a realizar explosões todos os meses? Nós, se começarmos um programa modesto, somos satãs, somos o diabo.

Khan estava exagerando nos números, mas estava também expressando uma opinião sustentada por muitas pessoas em muitos países como uma queixa legítima. Desde a década de 1960, a posse de armas nucleares era considerada prerrogativa exclusiva dos cinco membros permanentes do Conselho de Segurança das Nações Unidas — União Soviética, França, Grã-Bretanha, China e Estados Unidos —, com uma exceção especial para Israel, que sempre negara, em nome da prudência, possuir a bomba. A desigualdade desse arranjo foi formalizada em 1970, quando Khan ainda era um estudante universitário na Bélgica, pelo Tratado de Não-Proliferação Nuclear, o NPT, que era abertamente discriminatório e reconhecia a existência de uma superposição entre a geração de eletricidade por meio de usinas nucleares e a fabricação de bombas atômicas e visava pôr em funcionamento controles sobre a disseminação dos combustíveis físseis e da tecnologia nuclear.

O NPT ainda constitui a base dos esforços mundiais de não-proliferação. Como o funcionário nuclear russo me disse recentemente em Moscou, o tratado foi criado no contexto da Guerra Fria, que oferecia garantias críveis de retaliação a agressões nucleares — os guarda-chuvas oferecidos pela União Soviética e pelos Estados Unidos à Europa e a alguns dos seus aliados no Terceiro Mundo. O tratado é composto de quatro partes essenciais. A primeira proíbe que os Estados que tradicionalmente não possuem armas nucleares (ou os 184 que o assinaram — Índia, Paquistão e Israel não o fizeram, e a Coréia do Norte se retirou) tentem produzi-las. A segunda assegura a esses mesmos Estados, em conseqüência de sua adesão ao tratado, o direito de adquirir tecnologia nuclear pacífica — sujeitos, contudo, a inspeções e controles da IAEA, sediada em Viena, de modo a certificar que os programas civis não estão sendo desviados para objetivos militares secretos. Até aqui, a estrutura do tratado parece razoável — pelo menos para os países que não têm a intenção imediata de fabricar bombas atômicas. Mas a terceira parte, que é um entendimento operacional, funciona na verdade como uma demonstração subversiva do tipo de vantagem política propiciada pelas armas nucleares: a isenção completa de qualquer controle internacional para o tradicional Clube dos Cinco. Por fim, a quarta parte contém uma débil promessa de que um dia, talvez, as potências nucleares declaradas venham a desarmar-se — abdicando do poder, em um mundo de sonho sem armas nucleares, que nunca ninguém esperou ver de fato.

No Ocidente, as debilidades do NPT eram conhecidas desde o início. Para que o tratado tivesse peso, era necessário que fosse acompanhado pela ameaça de sanções — mas mesmo assim, diante da vontade de países como o Paquistão (ou, agora, do Irã) de "comer capim" para poder dispor dessa capacidade militar, era improvável que conseguisse dissuadir efetivamente os que aspiravam à posse da bomba. A solução ficaria, portanto, no complexo domínio dos controles de exportação — um conjunto global de legislações nacionais frouxamente coordenadas destinado a homologar e a restringir a venda de materiais e componentes de uso duplo que poderiam parecer ter fins pacíficos (nucleares ou não nucleares), mas que também poderiam ser usados para o desenvolvimento de um arsenal nuclear. A ênfase recairia sobre as tecnologias que permitiriam aos países se tornarem auto-suficientes em matéria de combustíveis nucleares — instalações para o enriquecimento de urânio e para a extração de plutônio. A exportação de itens sensíveis seria permitida àqueles que aderissem ao tratado, sujeitos aos controles *in loco* da IAEA, e proibida aos países que se recusassem a assiná-lo, como o Paquistão.

A dependência com relação às Nações Unidas criava problemas operacionais óbvios: a IAEA era um organismo politizado, imerso em ciúmes entre nações e tocado por funcionários que consideravam que sua missão consistia fundamentalmente em propiciar essa maravilhosa fonte de energia ao mundo em desenvolvimento, e não em atuar como controladores. Apesar de tudo, no início e nos meados da década de 1970, dois grupos de países tecnologicamente avançados (entidades diplomáticas conhecidas como Comissão Zangger e Grupo dos Supridores Nucleares [Nuclear Suppliers Group — NSG]) passaram a encontrar-se para decidir os itens que constariam nas listas dos materiais e equipamentos que seriam restritos e para negociar a difícil regulamentação de sua implementação pelos diversos países, assim como da cooperação entre os participantes. Durante as décadas que se seguiram, os resultados foram ambíguos. Se, por um lado, os grupos produziram listas cada vez mais longas de controles de exportação, que podem ter ajudado a reprimir o comércio nuclear, por outro seus esforços foram entravados pelas burocracias governamentais e pela relutância em interferir em negócios lucrativos e frustrados pelo próprio volume do comércio internacional. Como decorrência, seu trabalho não deu conta da tarefa a eles proposta, de regular o mercado. Nunca estiveram à altura de jogadores como A. Q. Khan.

Para sermos justos com os funcionários ocidentais, no entanto, é preciso assinalar que Khan se revelou um homem particularmente agressivo. Após seu regresso ao Paquistão, em dezembro de 1975, ele passou alguns meses dentro dos recintos da PAEC e se irritava com sua lentidão. A PAEC começara a adquirir plutônio, mas seu estilo era pesadamente burocrático. Khan chegara para trilhar com rapidez muito maior o caminho do combustível alternativo e logo concluiu que a comissão estava intencionalmente atrasando seu trabalho. Já àquela altura, ele apresentava a tendência de confundir os próprios objetivos com os do país e de interpretar divergências pessoais como algo semelhante à traição. Arranjou um encontro pessoal com o primeiro-ministro Bhutto, durante o qual acusou o presidente da PAEC, Munir Ahmed Khan, de trair a confiança do Paquistão. Mais tarde ele revelaria a amigos o que disse ao chefe de governo: "Munir Ahmed Khan e seu grupo são mentirosos e trapaceiros. Não têm amor pelo país. Não são nem mesmo fiéis ao senhor. Contaram-lhe um monte de mentiras. Não há nenhum trabalho sendo feito e Munir Ahmed Khan o está tapeando". A. Q. Khan, ao que parece, acreditava que Munir Ahmed Khan fora afetado pelo seu trabalho de anos entre os reguladores da IAEA e estava subvertendo o programa nuclear do Paquistão. Isso era absurdo, naturalmente, mas dava a medida das ambições e da energia que ele possuía. Evidentemente, Bhutto sabia julgar as pessoas. Como não tinha nada a ganhar fazendo os dois Khans trabalharem juntos, e pensando, talvez, nos benefícios que uma boa competição poderia gerar, decidiu dar completa autonomia a A. Q. Khan. Khan sentiu-se livre de quaisquer limites. Aos 39 anos de idade, ele iria mostrar ao mundo inteiro o que podia ser feito.

Em 31 de julho de 1976, Khan fundou o Laboratório de Pesquisas de Engenharia, com o objetivo inicial de fabricar e operar uma unidade completa de centrífugas com base nos projetos roubados à Urenco. Por razões de privacidade, escolheu um lugar remoto, entre colinas baixas e cobertas de florestas, 65 quilômetros a sudeste de Islamabad, próximo à cidade de Kahuta. O urânio seria extraído de uma mina na região central do país, convertido em gás e transportado em caminhões para ser refinado. O propósito oficial, se alguém perguntasse, era produzir o enriquecimento baixo do urânio para os geradores de energia — ainda que fora do âmbito dos controles internacionais. Como é normal nesses países, o que importa não é a aparência de verdade, mas a possibilidade legal de negar violações. As instalações tinham de ser grandes: todo um campus de prédios industriais, escritórios e casas para os empregados. Khan começou a agir imediatamente e em todas as frentes — contratando pessoas, planejando as instalações, dando início à construção dos prédios considerados essenciais e estabelecendo um projeto-piloto em outro local, para resolver os problemas práticos de fabricação e operação dos primeiros modelos de centrífuga. Seu orçamento era supostamente ilimitado, e ele chegou a contar com a colaboração de 10 mil pessoas no projeto. Lançou também uma campanha de compras em massa na Europa e nos Estados Unidos. É evidente que o governo norte-americano deve ter tido conhecimento do que estava acontecendo. Bhutto não fizera segredo das suas ambições e a lógica convencional indicava que o Paquistão buscaria a bomba. Jogando com os elementos da Guerra Fria, o país permaneceu como Estado cliente dos Estados Unidos, arreganhando um pouco os dentes, sob a direção de Bhutto, mas apoiado pela ajuda americana e sempre muito acessível a seus diplomatas e funcionários. É razoável supor que desde o começo a CIA penetrara tanto na PAEC como em Kahuta e isso sempre foi tido como certo pelo grupo de Khan e seus colaboradores mais diretos. Dadas as dimensões dos programas que estavam sendo conduzidos, esse trabalho não era difícil. Vistas de uma perspectiva interna, as condições sem dúvida inspiravam sobriedade:

apesar de muitos governos europeus insistirem em que os paquistaneses não tinham a capacitação necessária, estava ficando claro que se tratava de um empreendimento sério, com êxito provável. Esse desenvolvimento parecia mais preocupante em Washington porque Bhutto mencionara, com ressentimento, as bombas dos cristãos, dos judeus, dos hindus e dos comunistas, o que abria a possibilidade de que um artefato paquistanês significasse mais do que um contrapeso às armas indianas — e, sim, de que fosse tratado como uma bomba "muçulmana", a ser compartilhada. Outros países parecem ter tido a mesma idéia, movidos mais pela esperança do que pelo medo. Suspeita-se, por exemplo, que a Líbia e a Arábia Saudita financiaram o trabalho de Khan, provavelmente com a expectativa de receber algo em troca. De todo modo, no final da década de 1970, enquanto Khan prosseguia em seus trabalhos com determinação e os apelos de Washington para que o projeto fosse abandonado eram recusados pelo governo de Islamabad, os americanos perceberam que a única chance de evitar que o Paquistão produzisse a bomba era agir no campo do suprimento — impedir que aquele país fizesse compras no exterior.

Bloquear as aquisições dentro dos Estados Unidos mostrou ser algo relativamente fácil porque Khan tinha poucos contatos americanos e as listas internas de controle de exportação dos Estados Unidos já eram bem amplas — bem mais do que aquelas acordadas nos arranjos internacionais entre os países supridores. Além disso, bem no interior das burocracias alfandegárias e comerciais, onde esses regulamentos são implementados, ou não, os funcionários americanos, como representantes de uma potência nuclear dominante, tendiam naturalmente a concordar com a importância da não-proliferação e estavam alertas ante os indícios de violação que despontavam na documentação que transitava por suas mesas de trabalho. Em conseqüência, ainda que algumas transações passassem despercebidas, o governo dos Estados Unidos frustrou a maior parte das encomendas feitas a empresas americanas. Umas poucas companhias foram multadas, mas era difícil comprovar as intenções.

Na Europa, a questão do controle de exportação era bem diferente. Muitas empresas vendiam seus bens aos paquistaneses e muitas vezes com a aprovação tácita ou explícita dos seus governos. Em um livro chato, mas em geral confiável, intitulado *The islamic bomb* [A bomba islâmica], publicado em 1981, os repórteres Steve Weissman e Herbert Krosney fazem um relato típico de três agentes compradores de Khan que, em 1976, se dirigiram a uma pequena firma em uma pequena cidade suíça e propuseram a compra de válvulas especiais de alta vacuidade, com o propósito expresso de equipar as centrífugas de enriquecimento paquistanesas. A empresa consultou devidamente as autoridades suíças, que lhe mandaram de volta uma cópia dos regulamentos de exportação, e nela constava a lista dos itens que o NSG havia definido como objeto de restrição.

Weissman e Krosney escrevem:

> As listas incluíam unidades completas de centrífugas, as quais só podiam ser exportadas para instalações sob salvaguarda [pela IAEA], o que não era o caso da usina de enriquecimento do Paquistão. As válvulas de alta vacuidade não estavam na lista, mesmo que expressamente destinadas a uma unidade de enriquecimento por centrífugas. As válvulas poderiam ser necessárias para as centrífugas, mas, segundo a lógica da [...] lista, elas não eram "nuclearmente sensíveis" e não eram responsáveis diretas pela separação dos dois diferentes isótopos de urânio, o U-235 e o U-238.

Em outras palavras, a companhia foi informada de que podia prosseguir com a venda, e assim o fez — como outras, em toda a Europa Ocidental. Na Holanda, uma firma especializada em mecanismos de transmissão para automóveis vendeu 6500 tubos de aço ultraforte para o Paquistão — tubos que poderiam ser usados como componentes-base das centrífugas. O governo holandês soube do negócio e recomendou que ele não fosse concretizado, mas a firma enviou os tubos assim mesmo (alegando inicialmente que eles se destinavam à irrigação) e argumentou que, de acordo com a lei do país, não se exigia licença de exportação. Para aumentar a frustração, a posição da firma acabou prevalecendo. A argumentação foi aceita e os embarques prosseguiram sem demora. Anos depois, os holandeses finalmente se empenharam em insuficientes procedimentos de ação judicial, inclusive um que levou à condenação de um negociante holandês chamado Henk Slebos, pela exportação ilegal de um osciloscópio Tektronix, feito nos Estados Unidos, em 1983. Slebos era amigo pessoal de Khan e um dos seus principais supridores na Europa. Foi condenado a um ano de reclusão, mas nunca foi preso e continuou a enviar, com desfaçatez, equipamentos para o Paquistão. A atenção era tão frouxa que o próprio Khan continuou a visitar a Europa mesmo antes que sua condenação por espionagem fosse revogada, em 1985.

Essa era a cena que os funcionários americanos enfrentavam no mercado nuclear global enquanto lutavam contra a inadequação do enfoque das Nações Unidas e tentavam, por meio de apelos privados aos governos europeus, deter a proliferação das armas nucleares. Eles eram prejudicados, como são até hoje, pelas milhares de ogivas nucleares que os Estados Unidos insistem em reter para si e pelo ressentimento que essa óbvia incoerência provocava, mesmo durante a Guerra Fria e mesmo em países como a Alemanha e a Holanda, beneficiários diretos da força nuclear americana. Os funcionários dos Estados Unidos tiveram também algum êxito — sobretudo em 1977, quando pressionaram os franceses e lograram que eles desistissem de um lucrativo acordo para fornecer a Munir Ahmed Khan a longamente esperada usina de reprocessamento de plutônio. O cancelamento na França atrasou os planos de armamento nuclear da PAEC por uma década ou mais. Afinal, contudo, isso teve pouca importância. O golpe contra a Comissão Paquistanesa de Energia Atômica serviu apenas para reforçar A. Q. Khan na sua busca de objetivos alternativos pela via mais rápida.

A verdade é que pouco se podia fazer para dissuadir o Paquistão de seguir o seu rumo. Mas, por outro lado, a precariedade desses esforços não era razão suficiente para abandonar as tentativas. Para a França, o custo de liquidar o acordo do plutônio foi da ordem de vários bilhões de dólares, por causa da perda de outros contratos para produtos franceses, como aviões e caminhões. A decisão foi ainda mais difícil porque, com uma força nuclear independente, a *force de frappe*, a França encarnava o direito das nações independentes a ter armas nucleares — e talvez mesmo a necessidade disso. A ambivalência francesa era tal que o país se recusava a aderir ao Tratado de Não-Proliferação Nuclear, apesar dos privilégios a que teria direito como membro do Clube dos Cinco. (Afinal o assinou em 1992, já que o fim da Guerra Fria afetara o significado do tratado ao enfraquecer a estrutura de garantias retaliatórias em que a teoria da não-proliferação estava baseada.) A despeito disso, em 1977, como potência tradicional com pretensões de relevância diplomática, a França teve pouca escolha e afastou-se da PAEC, uma vez confrontada com a evidência das ambições paquistanesas. De acordo com o ponto de vista dos americanos, dessa vez a França portou-se bem.

Mas não a Alemanha Ocidental. Trinta anos haviam transcorrido desde a Segunda Guerra Mundial, a economia alemã estava bem e o governo desenvolvia um ambicioso programa de autosuficiência energética, a ser executado em grande medida através de geração nuclear. A Alemanha aderira ao Tratado de Não-Proliferação Nuclear em 1970, no entanto desde o começo preocupava-se quase que exclusivamente com os dispositivos que promoviam o direito dos Estados membros a adquirir tecnologia nuclear para fins pacíficos. Na prática, o governo alemão não diferenciava rigorosamente os países membros dos não-membros. Em meados da década de 1970, fez um importante acordo nuclear com o Brasil, que não aderira ao tratado, mas decidiu, nesse caso, aceitar as salvaguardas da IAEA como se membro fosse. As salvaguardas eram fracas, como todos sabiam. Não obstante, a Alemanha venderia ao Brasil nada menos do que oito reatores nucleares, uma usina de enriquecimento de urânio, outra para a fabricação do combustível e instalações para o reprocessamento de plutônio. Presumivelmente, as centrífugas teriam o mesmo desenho das produzidas pela Urenco, que A. Q. Khan estava roubando para o Paquistão naquele momento.

Os funcionários americanos estavam zangados porque tinham indicações de que o Brasil estava secretamente em busca da bomba. Assim como a Argentina, que havia rejeitado o Tratado de Não-Proliferação Nuclear como "o desarmamento dos desarmados". Mas quando os americanos levaram seus pontos de vista a Bonn, os alemães reagiram com ceticismo e disseram que dariam seguimento ao que fora acordado. Um observador bem situado me disse recentemente: "Os americanos disseram: 'Ei, espere um pouco! Temos isto para mostrar'. E mostraram aos alemães uma pequena informação que indicava a intenção brasileira de produzir a bomba. Aparentemente, foi o suficiente para que os alemães se sentissem inseguros". Eles cederam e, ainda que com relutância, deixaram mofar os contratos com o Brasil. Quinze anos depois, por razões políticas de caráter interno, o Brasil e a Argentina renunciaram formalmente às suas ambições de dispor de armas nucleares — pelo menos por algum tempo.

Os alemães, porém, estavam cada vez mais rebeldes. Refletindo uma atitude muito comum na Europa, eles se ressentiam do poder desproporcional dos Estados Unidos e suspeitavam que os americanos quisessem usar a questão da não-proliferação para controlar o mercado livre mundial de combustíveis nucleares pacíficos. A fundação da Urenco já fora um ato de resistência contra essa dominação. O ressentimento com os Estados Unidos era mais forte, não entre os que tomam as decisões nas cúpulas governamentais, que por vezes podiam ser persuadidos, mas sim no cerne das burocracias européias, entre os diplomatas e funcionários que operavam os assuntos governamentais cotidianos e eram, em grande medida, imunes às pressões americanas.

Era nesse nível, ou mais abaixo, que operava a rede de compras do Paquistão, e foi nesse nível que os esforços americanos de paralisar Khan fracassaram por completo. Era um padrão que se repetia. Sempre que os analistas de Inteligência norte-americanos descobriam que uma empresa ou outra estava a ponto de exportar aparatos para o Paquistão, funcionários dos Estados Unidos passavam a informação em memorandos escritos aos seus correspondentes europeus, na expectativa de que a transação fosse bloqueada. Em alguns casos, os europeus recusavam-se a agir porque as vendas eram legais, sem nenhuma ambigüidade. Em muitos outros, contudo, havia mais de uma interpretação possível e, se os representantes governamentais tivessem atuado com decisão e energia suficientes, as empresas poderiam ter sido contatadas e alertadas para desfazer os acordos. Em vez disso, os europeus fechavam-se entre si e assumiam uma atitude de adversários dos funcionários americanos. Os memorandos iam para as gavetas e as gavetas ficavam fechadas.

Em Islamabad, A. Q. Khan estava feliz da vida. A importância atribuída ao seu trabalho era de tal ordem que ele se sentia seguro mesmo com relação aos perigos políticos do próprio Paquistão. Seu mentor, Zulfikar Bhutto, fora deposto em 1977 e depois enforcado, mas o novo ditador, Zia-ul-Haq, mostrou o mesmíssimo comprometimento com a bomba. Os Estados Unidos interromperam a ajuda ao Paquistão por um ano, em setembro de 1977, com o objetivo de forçar Zia a cancelar o plano do plutônio com os franceses, entretanto o único resultado obtido foi o fortalecimento da decisão do Paquistão em favor da bomba nuclear. As pessoas não gostam de se sentir encurraladas. Em abril de 1979, os Estados Unidos tentaram pela segunda vez suspender a ajuda por causa das atividades nucleares do Paquistão — mas apenas oito meses depois, no dia de Natal, a União Soviética invadiu o Afeganistão e de repente Washington teve a sensação de que outras coisas maiores estavam acontecendo. A ajuda foi retomada e a não-proliferação nuclear foi discretamente perdendo ênfase, enquanto, nos dez anos seguintes, o Paquistão atuou como colaborador na sangria à União Soviética no interesse dos Estados Unidos. Muito já se escreveu sobre a loucura dessa troca de favores — e, com certeza, nos próximos anos muito se discutirá sobre a sabedoria da Guerra do Afeganistão —, mas a verdade é que nada do que os Estados Unidos fizeram ou poderiam com efeito fazer teria impedido o Paquistão de conseguir armas nucleares. Naquela ocasião, assim como agora, os Estados Unidos simplesmente não tinham esse poder.

Khan, por seu lado, nunca teve dúvida do seu êxito. Enquanto gozasse de autonomia e recebesse o orçamento que pedia, trabalharia para produzir a bomba. Acredita-se que desde 1978 ele possuía um protótipo de centrífuga em operação e a capacidade de mostrar algum aumento da concentração do isótopo U-235. Três anos depois, em 1981, a unidade de produção em Kahuta estava pronta para funcionar e de maneira tão promissora que o general Zia mudou o seu nome para Laboratório de Pesquisas Khan. Esse era o tipo de gesto que tornava Khan singularmente orgulhoso. O trabalho prosseguia. Havia dificuldades com o equilíbrio das centrífugas e com terremotos e inundações, no entanto em apenas alguns anos Kahuta talvez já tivesse 10 mil centrífugas em posição e um bom número delas já estava ligado em cascatas. Por volta de 1982, a usina produziu o primeiro combustível paquistanês de teor militar: algo mais que um quilo de urânio enriquecido a 90% ou mais. Em 1984 ela estava produzindo material físsil suficiente para fabricar diversas bombas por ano. Khan não ignorava a necessidade de produzir a arma que daria condições de uso a esse material. A bomba era um artefato de implosão, baseada em um projeto chinês simples, com um cerne de urânio enriquecido do tamanho de uma bola de futebol, envolvido por um arranjo simétrico de altos explosivos ligados em circuito a um comutador de alta voltagem, que acionava todos ao mesmo tempo. Logo ele iria começar a trabalhar também em um míssil.

Mas Khan tinha um problema que lhe atormentava a alma. Apesar das suas sucessivas tentativas de desacreditar Munir Ahmed Khan, a PAEC continuava oficialmente a conduzir o programa de armas nucleares do Paquistão. Depois do revés sofrido com o cancelamento da unidade francesa de extração, a comissão retomara a busca de uma usina de reprocessamento de plutônio — objetivo que, se alcançado, diminuiria a importância de A. Q. Khan e efetivamente relegaria Kahuta à condição de mero supridor de urânio enriquecido na longa cadeia de produção necessária à obtenção do plutônio, que seria o combustível do programa nuclear militar do Paquistão. Igual preocupação era gerada pelo fato de que a PAEC também estava projetando um míssil e desenvolvendo sua própria ogiva nuclear — baseada em plutônio, mas em tudo mais tão similar à de Kahuta que Khan concluiu que a PAEC havia roubado seu projeto. Khan lutou com evidente emoção e de maneira crescentemente pública. Seu porta-voz, Zahid Malik, por exemplo, publicou esta descrição de Munir Ahmed Khan:

Embora alguns dos seus amigos leais o considerem um bom administrador (ou um hábil manipulador), ninguém o aceita como um bom cientista. Ele é demasiado tortuoso e lhe faltam valores morais. Pode até mesmo ser cruel quando seus interesses pessoais estão envolvidos. Segundo os autores de *The islamic bomb*, o dr. I. H. Usmani declarou que Munir Ahmed Khan era um mentiroso e um egoísta que causara o descrédito internacional do Paquistão com suas conspirações. Segundo esses autores, ele é uma pessoa traiçoeira e o tempo revelou que ele não só iludiu Bhutto, como também criou muitos problemas para o Paquistão no desenvolvimento do poder e da capacitação nuclear. Goldschmidt, diretor-geral da Comissão de Energia Atômica da França, disse: "Nunca confiei em nada que Munir Khan tenha dito. Ele é capaz de mentir sedutoramente. Nunca acreditei em uma palavra sua".

Mas se a reputação do Paquistão estava sendo destruída, era por essas demonstrações toscas e infantis. Em que tipo de sociedade as elites poderiam considerar que descrições assim têm credibilidade e devem ser publicadas? A conclusão bastante óbvia era a de que, do ponto de vista social e intelectual, o Paquistão é um lugar extremamente primitivo. É importante notar isso porque, apesar de tudo, tratava-se de um país que tinha a capacidade de se tornar, com rapidez, uma potência nuclearmente armada.

Khan devia saber que Bhutto e depois dele Zia o usavam em suas manobras e que a rivalidade que ele sentia com relação à PAEC permitia que a liderança política do país o transformasse em um perdedor. Mas Khan, aparentemente, não conseguia se controlar. Seu ego estava inflamado. Ele alimentara tal ânsia de poder e de reconhecimento que acreditava não haver lugar para mais ninguém. Era frustrante para ele que o trabalho desenvolvido em Kahuta fosse secreto, uma vez que isso o impedia de se anunciar para o mundo inteiro e com toda a força, como gostaria. Em suas entrevistas e discursos, cada vez mais freqüentes, Khan encontrava maneiras de insistir em que o urânio estava sendo enriquecido apenas a 3,5%, e exclusivamente para fins pacíficos, contudo ele cedia ao próprio orgulho e prosseguia em longas exposições sobre a lógica e a tecnologia das armas nucleares. Era um padrão estranho. Em parte, tal comportamento resultava de uma posição deliberada de ambigüidade nuclear, similar à escolha de Israel, de não confirmar nem negar. Mas como Khan não parava de falar, essa conduta refletia também suas necessidades pessoais. Ele não era um bom guardador de segredos porque parecia demasiado esperto quando mentia. Mostrava excessiva ansiedade em reivindicar reconhecimento. Suas negativas não tinham o objetivo de convencer. O que transparecia das suas falas era: "Nós temos a bomba e isso se deve a mim".

Em 1986, o Paquistão já havia transposto o limiar e detinha a capacidade de fabricar vários artefatos nucleares. Não fez anúncios nem testes, mas logo pôs em uso sua nova força quando, no final daquele ano, a Índia organizou um exercício militar grande e ameaçador nas planícies que se estendem até as fronteiras com o Paquistão. O exercício recebeu o nome de *Brasstacks* (derivado da expressão inglesa "getting down to brasstacks", que significa "ir direto ao que importa"). O Paquistão reagiu mobilizando suas tropas e emitindo uma advertência nuclear velada, contida em uma entrevista dada por Khan em sua casa em Islamabad a um *freelance* indiano. De acordo com o repórter, Khan reiterou bravatas anteriores no sentido de que o Paquistão já lograra enriquecer urânio ao teor militar e acrescentou: "Agora ninguém pode levar o Paquistão à desgraça, nem pode deixar de nos levar em conta [...] Quero deixar claro que nós usaremos a bomba se a nossa existência for ameaçada". A publicação do relato foi retardada por semanas, enquanto o repórter tratava de vendê-la, o que diminuiu seu efeito imediato. Depois, Khan negou ter dito qualquer coisa semelhante e acusou o jornalista de ser um mercenário hindu. A mensagem porém fora recebida na Índia e ecoaria por anos.

Pode ter havido outras mensagens também. Apesar das subseqüentes negativas paquistanesas, os indianos afirmaram que diplomatas seus escutaram ameaças similares naquele mesmo período em Islamabad. Além disso, no auge da tensão, quando os exércitos de ambos os lados estavam cara a cara ao longo da fronteira, e a Índia (como hoje se sabe) contemplava seriamente um ataque preventivo, o general Zia foi à Índia para assistir a um jogo de críquete entre as seleções dos dois países. Segundo se comenta, teria sentado ao lado de Rajiv Gandhi e lhe dito em determinado momento: "Se as suas forças cruzarem a fronteira um centímetro que seja, nós vamos aniquilar as suas cidades". Não se sabe, a rigor, se tais palavras foram pronunciadas ou não, mas a grande maioria dos observadores acredita que sim. Logo depois a Índia retirou seu exército e, quando a crise terminou, o Paquistão despontava como um novo e orgulhoso Estado nuclearmente armado.

Zia morreu em um misterioso desastre de avião em 1988 e o Paquistão enfrentou uma década de turbulência política, durante a qual padeceu sob diversos governos corruptos e incompetentes, com o poder real nas mãos do Exército. Durante algum tempo, nos Estados Unidos, a Casa Branca continuava a certificar ao Congresso, como vinha fazendo desde o início da guerra terceirizada no Afeganistão, que o Paquistão estava livre de armas nucleares. A manutenção dessa ficção era um requisito anual para a prestação de ajuda financeira ao Paquistão. No entanto, depois que os soviéticos se retiraram do Afeganistão, em 1989, a ficção já não parecia mais necessária e, como as preocupações a respeito da proliferação nuclear voltavam a aumentar, a ajuda americana foi interrompida. O corte permitiu que os contribuintes norte-americanos economizassem algum dinheiro, mas necessitava de valor moral por causa da posição dos próprios Estados Unidos no que se referia à matéria nuclear — e, como costuma acontecer, não produziu os resultados almejados no Paquistão. Para Khan, as novas sanções se transformaram em razão de orgulho. Ele nunca fora particularmente religioso, porém sua ação política se tornava progressivamente islâmica e desafiadora. Um general paquistanês perguntou a Khan se ele se sentia incomodado pela sua caracterização no Ocidente como o famigerado Doutor Fantástico. Khan respondeu com suficiente precisão: "Eles não gostam do nosso Deus. Eles não gostam do nosso Profeta. Eles não gostam dos nossos dirigentes nacionais. E não chega a surpreender que eles não gostem de ninguém que busque conduzir um país no rumo da independência e da autonomia. Enquanto eu tiver a certeza de que estou fazendo um bom trabalho para o meu país, continuarei a ignorar essas insinuações e a me concentrar no trabalho".

Foi o que ele fez. Diante dos crescentes controles sobre a exportação da década de 1990, Khan não se intimidou. Ao contrário, expandiu sua rede global de compras e a orientou para os mecanismos informais. Continuou a aperfeiçoar a unidade de centrífugas de Kahuta, a tocar os projetos de ogivas do laboratório e a desenvolver um míssil balístico alternativo ao que a PAEC projetava. Trouxe também para o laboratório o desenho e a fabricação de uma variedade de armas convencionais, que incluíam míssels do tipo superfície-ar, calculadores de distância a laser, visores de laser, blindagem reativa, cargas para a erradicação de minas de guerra e munição perfurante contra tanques blindados. No lado civil, Kahuta lançou-se à produção de circuitos eletrônicos, interruptores e fontes de energia industriais e compressores para aparelhos de ar-condicionado. Em 1992 chegou a criar uma Divisão de Biomedicina e Engenharia Genética. Paralelamente, começou a organizar seminários e conferências sobre tópicos relativos ao enriquecimento de urânio, inclusive seis simpósios internacionais sobre materiais avançados e dois sobre vibrações mecânicas, além da conferência internacional sobre transformações de fase, três cursos sobre vácuo, por vezes em cooperação com a Pakistan Vacuum Society, e, finalmente, o favorito de todo fabricante de bombas, a conferência nacional sobre vibração em máquinas rotativas.

Em outras palavras, Khan estava se transformando em um grande produtor de armas. E estava se divertindo muito. A posição nuclear do Paquistão permaneceu oficialmente ambígua, mas após a imposição das sanções americanas Khan sentiu-se mais livre para se elogiar pelo que havia logrado fazer. As notícias se espalhavam pelas ruas e até as pessoas comuns tinham conhecimento daquele grande homem; alguns o reconheciam quando ele passava, em cortejos, cercado do seu séqüito e de guardas. Medalhas e prêmios choviam sobre ele, que os contava um por um, sentindo-se merecedor de todos. Ao final do processo, Khan tinha recebido seis títulos de doutor *honoris causa*, 45 medalhas de ouro, três coroas de ouro e, por duas vezes, o maior prêmio civil do Paquistão, o Nishan-i-Imtiaz. Ele usava do seu prestígio tanto quanto era possível. Essa foi a época em que começou a comprar casas e automóveis de luxo e a distribuir doações para hospitais, mesquitas e escolas. Compartilhava o seu saber abertamente, em múltiplas ocasiões públicas. Pertencia às juntas administrativas de mais de vinte universidades e institutos. Era amigável, sedutor e, por vezes, aparentemente humilde — mas da maneira como os políticos costumam ser, isto é, sem nenhuma humildade. Às pessoas que o visitavam em seu escritório, ele dava fotografias suas. Aos jornalistas, permitia adulações:

JORNALISTA: O senhor parece gostar muito de aprender línguas estrangeiras. Na verdade, o senhor parece mesmo ser um lingüista. Em quantas línguas o senhor alcançou a proficiência, e como o fez? Algum comentário a respeito dessa estranha combinação entre ser um cientista excepcional e um lingüista?

KHAN: Conheço algumas línguas. Em primeiro lugar o urdu, minha língua materna. Depois da Partilha, tive de aprender híndi, que ainda falo e leio. Em seguida aprendi algo de persa. Quando fui para a Europa, aprendi alemão e holandês. Sei essas duas línguas bastante bem. Ainda na Europa, também tomei aulas de francês. E, é lógico, o inglês foi a minha segunda língua o tempo todo. Gostaria de ter aprendido russo e chinês, mas não tive tempo.

JORNALISTA: O senhor tem algum hobby? Como relaxa depois de um dia estafante?

KHAN: Antes, na minha juventude, eu saía para pescar, soltar pipas ao vento ou jogar hóquei. Na universidade eu jogava vôlei. Agora é muito mais difícil fazer essas coisas. Ando um pouco e brinco com os nossos gatos e cachorros. Isso me deixa bastante relaxado. Também leio bastante. Vamos para a cama bem tarde, normalmente depois da meia-noite, e a minha mulher também está sempre fazendo alguma coisa, costurando, lendo etc.

JORNALISTA: Muito obrigado, dr. A. Q. Khan.

No transcurso de dois dias, em maio de 1998, a Índia rompeu um hiato de 24 anos e testou cinco bombas atômicas. Afirmou que a maior delas era um artefato termonuclear (de fusão) com um poder explosivo mínimo de 43 quilotons, cerca de três vezes maior que o da bomba de Hiroshima.

Em uma guerra, esse valor pode ser aumentado. Depois do teste, analistas independentes expressaram dúvidas a respeito do tamanho e da natureza atribuídos às explosões, porém as discussões técnicas eram acessórias, sem importância diante da nova realidade política de uma Índia que queria demonstrar com vigor seu poderio militar. Poucas semanas antes, o laboratório de Khan tinha testado com êxito um novo míssil de alcance intermediário (o Ghauri, derivado da Coréia do Norte) em um vôo inaugural de oitocentos quilômetros, comemorado por Khan com seus habituais rugidos e tilintar de sabres. Usando sua capacidade total, com um alcance de 1600 quilômetros, esse míssil, carregando a sua bomba, poderia devastar Mumbai, Délhi e uma série de outras cidades indianas, inclusive Bopal. O teste do míssil não parece, no entanto, ter pesado muito na decisão indiana de fazer o teste da bomba — em parte porque a Índia menosprezava Khan, considerado um bufão e um boca-rota. Na verdade, as preparações físicas na Índia já estavam em curso havia um mês, e a decisão de ir em frente foi tomada por razões políticas internas pelos inseguros dirigentes do partido nacionalista indiano, o BJP, que havia chegado ao governo e queria impressionar as massas com sua força. Evidentemente, depois do teste houve amplas demonstrações de júbilo nas ruas. Os manifestantes ignoravam a possibilidade de que, da próxima vez que uma bomba explodisse na Índia, ela viesse do Paquistão e vaporizasse a todos eles.

No Paquistão, os testes indianos foram vistos como uma ameaça direta e aguda. Mereceu atenção especial o ministro do Interior da Índia, L. K. Advani, que, extremamente excitado, declarou que Islamabad teria de se submeter àquela realidade, sobretudo no que concernia à disputa sobre o território da Caxemira, e que, dali em diante, os soldados indianos perseguiriam os insurretos, se necessário atravessando a fronteira com o Paquistão. E pensar que a bomba atômica deveria servir para reforçar a contenção e a sobriedade... Como parte do negócio, na imprensa indiana apareceram vitupérios, desafiando o Paquistão a mostrar, se é que podia, que seu arsenal nuclear não era um blefe. De qualquer maneira, os indianos imaginavam ganhar. Se o Paquistão não fizesse um teste naquele momento, estaria demonstrando sua debilidade, com deliciosas conseqüências para o equilíbrio do poder no subcontinente. Se realizasse o teste, e tivesse êxito, iria se somar à Índia como alvo de sanções internacionais, mas sofreria efeitos desproporcionalmente mais severos em virtude de sua maior dependência da caridade do mundo.

Os paquistaneses sabiam estar num beco sem saída. As armas estavam prontas e havia anos eles já tinham preparado um local de testes, perfurando um túnel horizontal até o centro de uma montanha no deserto, em um lugar remoto denominado Chagai, no sudoeste do país, na província do Baluquistão. Por outro lado, eram claras as advertências que recebiam no sentido de que, caso respondessem à Índia na mesma moeda, perderiam não só a ajuda direta dos Estados Unidos, que voltara a crescer pouco a pouco desde a última interrupção, como também os grandes influxos de dinheiro provenientes de outros países doadores e de organizações financeiras internacionais, que mantinham viva a economia paquistanesa. Um raro debate público surgiu no seio da elite do país, durante o qual uma "facção da paz" insistiu em que os dirigentes assumissem um comportamento de elevação moral e deixassem à Índia as responsabilidades e as culpas. O primeiro-ministro Nawaz Sharif, que logo seria deposto, recebeu repetidas chamadas de Bill Clinton e Tony Blair, que insistiam no mesmo ponto. Sharif esperava obter incentivos positivos — garantias sólidas de segurança e recompensas financeiras — e recebeu algumas promessas. O sentimento público, entretanto, inclinava-se esmagadoramente em favor da realização do teste — sentimento que também predominava no Exército, o centro real do poder no Paquistão. Após várias semanas de hesitação, prevaleceu a lógica própria do subcontinente e Sharif decidiu ir em frente. Na noite de 27 de maio de 1998, apenas horas antes da realização do teste, a Inteligência saudita informou que caças israelenses, agindo em benefício da Índia (é claro), estavam prontos para atacar as instalações nucleares paquistanesas — especificamente o laboratório de Kahuta e o local de teste em Chagai. O Paquistão se apressou em aprontar seus próprios caças e retirou os mísseis dos abrigos, em preparação para os lançamentos. Meses depois, Khan deu uma entrevista em que teria dito que naquela noite em Kahuta as ogivas nucleares chegaram a ser colocadas nos Ghauris — afirmação mais tarde negada e considerada duvidosa, por razões técnicas. Em todo caso, os indianos retrucaram imediatamente, preparando seus aviões e mísseis, e por algumas horas os dois países estiveram próximos de uma confrontação nuclear.

Se isso tivesse ocorrido, teria sido exatamente o tipo de guerra sem sentido que os observadores temem como resultado da proliferação global dos arsenais nucleares em países como o Paquistão — lugares com instituições políticas e militares inseguras e com sistemas de comando e controle primitivos, fontes de informação inadequadas e espaços de tempo ultracurtos para reagir ante vizinhos nuclearmente armados. Parece especialmente significativo, portanto, que na noite de 27 de maio de 1998 os dirigentes do Paquistão tenham tido o bom senso de hesitar e recorrer ao telefone. Os Estados Unidos e outros países asseguraram que eles estavam em segurança, o ataque israelense nunca se materializou e o dia 28 de maio amanheceu normalmente para os habitantes das grandes cidades dos dois lados da fronteira.

Naquela mesma tarde, um pequeno grupo de paquistaneses vinculados ao programa militar, inclusive A. Q. Khan, evidentemente, reuniu-se em um abrigo de concreto em Chagai, com vista para a montanha escolhida, a mais de dez quilômetros de distância. O Paquistão depois informou que cinco bombas nucleares tinham sido colocadas dentro do túnel de testes, onde ele faz uma curva fechada, 240 metros abaixo do pico da montanha. As bombas eram artefatos de fissão, construídos com base no projeto de Kahuta ou no da PAEC, ou em ambos, e continham urânio altamente enriquecido — embora haja uma possibilidade remota de que entre os artefatos testados houvesse um de plutônio. Os detalhes permanecem em segredo. Consta que uma das bombas era grande e que as outras quatro eram pequenas. Elas estavam conectadas entre si para disparar simultaneamente — um arranjo prático que, no entanto, gerou uma controvérsia interminável a respeito do número das bombas envolvidas. O número oficial — cinco — visava igualar a conta indiana, com a surpresa especial de uma sexta bomba testada em outro local dois dias depois, para compor um resultado vencedor. O túnel foi selado com pesados tampões de concreto. Às três e quinze da tarde, um técnico da PAEC, sob a liderança direta de Samar Mubarakmand, o chefe do local do teste, apertou o botão dizendo "Allah-o-Akbar" — "Alá é grande". Trinta e cinco segundos mais tarde (tempo durante o qual, conta-se, alguns observadores rezaram), a montanha ergueu-se e cobriu-se de pó. O posto de comando sacudiu. Quando a poeira baixou, a cor da montanha tornara-se branca. Quando divulgaram o acontecimento, o Paquistão afirmou que o teor total da explosão fora aproximadamente igual ao do teste indiano, é óbvio. Analistas independentes estimam que o teor real foi três vezes menor. Pouco importa. Até em lugares distantes como o Cairo, os muçulmanos dançaram nas ruas.

Depois do teste, Khan posou para fotografias com a montanha atrás de si. Parecia mais conformado que feliz. Aquele devia ser o seu momento, o apogeu da sua vida, uma ocasião para que a nação inteira festejasse o seu nome. As pessoas gritariam Khan-o-Akbar; o Islã tem a sua bomba e o Paquistão está salvo. Com efeito, os paquistaneses ficaram gratos a ele e, a julgar pela aparência externa, nos anos seguintes sua glória e fama cresceram ainda mais. Mas ele começava a enfrentar novos problemas — forças políticas que afinal o levariam à prisão e à desgraça — e recebeu, naquele mesmo dia, uma advertência clara, ainda que pequena. O controle do teste fora explicitamente dado à traiçoeira — não, traidora — PAEC. Munir Ahmed Khan estava aposentado havia sete anos, mas a rivalidade institucional não cessara. E o tal de Samar

Mubarakmand — um bajulador da PAEC, um aproveitador, um palermão — tinha caído de pára-quedas para chefiar o empreendimento. Foi Mubarakmand quem teve a honra de conduzir o evento. E Khan foi autorizado a fazer uma visita "de cortesia".

Esse tratamento prosseguiu com o regresso de Khan a Islamabad. Não havia uma delegação oficial para recebê-lo. As boas-vindas foram reservadas para Mubarakmand, que chegou depois e foi recebido pelo primeiro-ministro e por centenas de populares. Em contraste, Khan foi recepcionado por um pequeno grupo de amigos de Kahuta, que o esperaram na "sala VIP" e o acompanharam até sua casa para tomar chá com Henny. A aparência de Khan era péssima, talvez porque a quase guerra nuclear o tivesse mantido desperto toda a noite anterior, porém mais provavelmente por causa das frustrações do dia.

De toda maneira, ele não era mais a figura irreprimível de sempre. Um dos seus acompanhantes no chá me contou que, preocupado, perguntara a Khan qual era o problema e que ele não respondeu. Foi um choque, ele acrescentou, porque pela primeira vez Khan parecia inseguro. Mas na perspectiva de hoje, quase uma década depois, pode-se adivinhar a resposta. No Paquistão as pessoas percebem mais do que admitem perceber. Há entendimentos culturais a respeito do que acontece — casas na orla do reservatório de água de Rawalpindi. O Paquistão já tinha a sua bomba, o que era bom, contudo a utilidade de Khan estava praticamente esgotada. Ele era um patriota autêntico, merecedor de grande admiração, porém demasiado forte para o bem dos demais. Ele estava fora de controle? Não exatamente: estava expandindo os negócios nucleares pelo mundo todo, mas com o conhecimento de outros no seio dos militares e do governo. Naquele momento, bastava que Khan fosse levado a recordar de que existem poderes mais altos. Era 1998, e ainda ninguém pensava que ele teria de ser destruído.

4. O ponto sem retorno

Fora do Paquistão, entre os que conheciam o escopo amplo das atividades de A. Q. Khan, havia um pequeno número de especialistas em não-proliferação dos serviços de inteligência do Ocidente. Essas pessoas, que trabalham com voto de segredo, preocupavam-se com o que apuravam, mas permaneciam paralisadas enquanto seus próprios governos — em particular o dos Estados Unidos — davam mais importância a ações de apoio aos sucessivos regimes paquistaneses do que à luta contra a proliferação de arsenais nucleares. Nas vizinhanças desses círculos, contudo, atuavam alguns observadores não oficiais, insistentes em suas atividades e mais difíceis de controlar. O mais persistente deles era um jornalista americano altamente especializado, de nome Mark Hibbs, pouco conhecido pelo público, mas que está entre os grandes repórteres do mundo atual.

Hibbs é uma verdadeira lenda no domínio sigiloso do poder nuclear. Com cinqüenta e poucos anos, montou sua base em Bonn, na Alemanha, onde vive com a namorada, quando não está viajando. Viaja muito. Com uma pequena alteração motivacional, teria sido um excelente espião. Vale dizer, ele tem cara de espião, com uma aparência tão comum para um homem da sua faixa etária que, mesmo a pouca distância — no salão de um hotel, em um restaurante, em uma rua na Europa —, é difícil reconhecê-lo. Seu rosto também seria comum, se não fosse a inteligência excepcional que anima suas feições ao falar e pelo hábito de franzir a testa quando se concentra para repassar os eventos que dão forma a seu trabalho.

Esses eventos vêm de muito tempo. Por mais de vinte anos, Hibbs escreve para a *Nucleonics Week* e a *NuclearFuel*, duas publicações de assinaturas caríssimas e de baixíssima circulação, atualmente lidas sobretudo na internet. Tais publicações encontram-se, entre 65 outras, em um grupo da McGraw-Hill denominado Platts, dedicado à indústria petroquímica e de energia. Outros títulos do Platts são, por exemplo, *Megawatt Daily*, *Emissions Daily* e *Dirty Tankerwire*.

Os assinantes da *Nucleonics Week* também recebem diariamente os "Nuclear News Flashes", que poderiam ser abreviados para Nuclear Flashes, se o Platts fosse mais leve. Mas não é; trata-se de uma empresa particularmente lucrativa. Hibbs é a sua estrela, embora ganhe apenas um modesto salário de classe média, que lhe permite ir vivendo. O Platts o mantém seguro em parte porque existem pouquíssimos nichos jornalísticos em seu campo de atuação. A maior parte do que ele escreve só apresenta interesse no curto prazo e somente para os reguladores e para os especialistas em energia nuclear. São milhares as informações que ele já enviou ao longo dos anos. Em meio a elas, no entanto, há várias centenas de despachos correlatos — normalmente inconclusivos, porém acertados e precisos — que contam, no conjunto, uma história que está em curso e que tem conseqüências para a ordem estabelecida e, talvez, para a sobrevivência da humanidade. A história é sobre o fracasso progressivo da Europa, da China e dos Estados Unidos na prevenção da proliferação dos arsenais nucleares por todo o mundo e sobre a determinação crescente e feroz mostrada por nações pós-coloniais para adquiri-los, por vezes agindo em conjunto.

É uma vantagem para Hibbs, estritamente falando, que ele não seja um espião. Como trabalha às claras, sem credenciais de segurança, não fica limitado pelas políticas governamentais e não pode ser facilmente silenciado. Fora do âmbito governamental, outros gozam da mesma liberdade — professores, analistas e advogados — e alguns são muito bons, mas ninguém conseguiu obter resultados iguais aos seus. Superficialmente, o que Hibbs faz é bem simples: extrai detalhes a partir de uma boa variedade de fontes, organiza-os mentalmente em conceitos e os transforma em palavra escrita. Isso, porém, requer paciência ilimitada, conhecimento tecnológico adequado, intensa determinação para não cometer erros e um sentido agudo para selecionar o que é plausível em um mundo repleto de mentiras. São atributos raros, que em Hibbs se combinam bem. O fato de não estar empenhado em nenhuma cruzada ajuda; e, embora no âmbito privado ele lamente a proliferação de armas nucleares, seus informes não tomam partido. Outro fator que ajuda é que as publicações para as quais escreve não aceitam anúncios e compreendem que o valor que têm para seus clientes está em publicar as notícias mesmo que elas tragam constrangimentos para a indústria ou não sejam propriamente polidas.

Hibbs me disse uma vez que seu trabalho é solitário, mais ainda que o trabalho normal de escrever, porque o seu público se cerca de segredos e, apesar de toda a influência que exerce, ele raramente tem algum contato com os leitores. Falando sobre uma reunião da IAEA à qual compareceu, relatou: "Lembro-me de que me sentei no fundo da sala e havia um delegado de um país do Ocidente sentado perto. Olhei para ele e vi que no seu colo havia um exemplar de um artigo que eu tinha escrito sobre o programa de centrífugas do Irã. Era um xerox do artigo e estava meticulosamente sublinhado, com algumas coisas assinaladas com círculos e comentários nas margens. Toquei o ombro dele e disse: 'Que interessante! Pode me dizer onde é que você conseguiu esse artigo?'. O sujeito olhou para mim e disse: 'Por que você quer saber?'. Então eu respondi que era o autor. Sabe o que ele fez? Ficou branco, da cor da camisa, e saiu correndo da sala! Foi muito esquisito".

Esquisito, talvez, mas normal para Hibbs. Era a isso que ele queria chegar e então disse: "Às vezes eu acho que o que eu faço acontece em uma caixa-preta. Os leitores têm credenciais de segurança. Eles lêem o que eu escrevo em salas reservadas nos escritórios dos governos e das companhias por todo o mundo, e muitas vezes não gostam do que estão vendo. Como eles reagem? Vão e falam com os amigos, que também têm credenciais de segurança. Ou mandam uma mensagem para os inimigos, o que dá no mesmo. Você pode estar criando uma grande crise internacional e nem saber, porque tudo é secreto. A informação sai publicada e você não tem idéia do que acontece com ela. Na maior parte das vezes você nem fica sabendo. Não ouve nada. A própria reação é secreta. A falta de realimentação é a coisa mais perturbadora do meu trabalho".

Mesmo assim, como o próprio Hibbs admitiu, ele teve êxito.

Não é uma vida que uma pessoa busque ou possa imaginar antes que aconteça. Hibbs nasceu em 1952 em uma cidade não mencionada, no estado de Nova York. Seu pai era contador e necessariamente metódico. A mãe era dona de casa, proveniente de uma família de trabalhadores irlandeses. Hibbs tinha seis tios e tias só do lado materno, muitos dos quais viviam perto com seus filhos. Como era um dos mais velhos entre os primos, transformou-se no centro da atenção dos tios.

Na época da Guerra do Vietnã, eles acharam que a coisa certa a fazer era ir à luta. Em vez disso, Hibbs foi estudar em Cornell, e mesmo assim eles ficaram orgulhosos. Acreditavam que o objetivo de ir para uma boa universidade era aprender boas maneiras — como vestir-se bem, servir vinho e segurar os talheres do jeito certo. Para Hibbs não era assim.

Ele uniu-se à revolta da época e, quando voltava para casa, de folga, comia com os dedos e ficava exibindo o cabelo grande. Era contrário à Guerra do Vietnã e queria que os Estados Unidos mudassem. Participou das manifestações, porém nunca se tornou tão radical quanto seus amigos. Ele simplesmente não conseguia aceitar os pensamentos dos demais porque, em algum momento, julgou que eles estavam errados. Esse era, naturalmente, o benefício real de uma boa educação, que o ajudou, mais tarde, nas tarefas de decifrar os mistérios da proliferação nuclear. Mas até hoje deve haver na família gente que não entende.

Em 1973, o último ano em que se fez recrutamento para a guerra, ele se formou em Cornell, em literatura e história, e foi para Boston, onde trabalhou como cartógrafo por alguns anos. Desenhava mapas para agências de transportes públicos. No começo da década de 1980, foi para Nova York e inscreveu-se em um programa de mestrado na Universidade de Columbia, para estudar diplomacia. Ele sabia que Israel era um Estado nuclearmente armado e que a Índia testara o seu próprio artefato (o "Buda Sorridente" de 1974), mas não tinha conhecimento do programa que o Paquistão estava desenvolvendo em resposta. Se tinha algum pensamento com relação às armas nucleares, era nos termos convencionais da Guerra Fria, que se reacendia, e dos temores de aniquilação global. Em julho de 1981, a realidade da proliferação ocorreu a ele brevemente, quando os israelenses bombardearam o reator Osirak, de origem francesa, no Iraque, pondo fim a uma tentativa secreta de Saddam Hussein de extrair plutônio a partir de combustíveis usados e formar seu próprio arsenal nuclear.

Mas Hibbs não imaginava que um dia estaria envolvido nessas questões. Tinha talento para línguas, o que o levou a aprender alemão e posteriormente holandês, francês, um pouco de russo e um pouco de chinês. Depois de deixar Columbia, permaneceu em Nova York, trabalhando como consultor independente e editor, principalmente para uma agência do governo alemão, entretanto não era fácil ganhar a vida e ele resolveu ir para a Europa, de onde nunca regressou para ficar.

Viveu em Londres por algum tempo, fazendo pesquisas para o *Financial Times* sobre temas de energia — área que até então desconhecia, mas suficientemente densa para que se dedicasse a ela. Mudou-se para Bonn, onde deu prosseguimento a seu trabalho e passou a contribuir ocasionalmente para o *Business Week*. Escrevia com concisão.

Ele ainda não tinha nada a ver com espionagem, em nenhum sentido da palavra. Sem haver planejado uma carreira, por assim dizer, tornara-se um repórter. Em 1986, quando estava com 34 anos, o reator soviético de Chernobil, na Ucrânia, fundiu-se. Hibbs começou a viajar para a União Soviética a fim de escrever matérias sobre a indústria nuclear local, tema que na época ainda era muito pouco visível, e fascinou-se com o quebra-cabeça que se apresentava. Aprendia rápido, era capaz de compreender os aspectos físicos e técnicos envolvidos e, mais importante, de navegar pelo terreno político complexo que cerca o emprego do poder nuclear. Seu interesse nesse campo expandiu-se pelo mundo afora. Foi assim que encontrou seu nicho e começou a escrever para o Platts, que logo o contratou em tempo integral.

Por algum tempo, escreveu apenas sobre o poder nuclear civil, com artigos como "DWK escolhe Bavária para primeira grande unidade alemã de reprocessamento" (*Nucleonics Week*, 7 de fevereiro de 1985, 348 palavras). Para qualquer leigo, era algo totalmente sem graça, mas, por baixo da superfície da tecnologia nuclear européia, havia manobras de outro tipo: todas as companhias estavam empenhadas em fazer negócios com o número crescente de aspirantes às armas nucleares. Boa parte dos negócios revelados por Hibbs era questionável, porém não obviamente ilegal. Naquele período, como agora, as atitudes européias eram pouco assertivas, apesar do repúdio oficial a tais atividades, porque, no âmbito privado, as iniciativas de não-proliferação nuclear — acompanhadas por sucessivas reprimendas dos Estados Unidos — eram vistas por muitos funcionários europeus como outra cruzada norte-americana em benefício próprio. Ao lado do ressentimento contra a dominação americana, havia o entendimento de que prover tecnologia para a produção de energia nuclear (em especial em grandes pacotes para o Oriente Médio) era uma maneira de angariar influência para a Europa em regiões importantes.

Hibbs começou a escrever intensamente sobre essa atividade em 1988, quando o Parlamento alemão, o Bundestag, abriu uma investigação. Durante dois anos, funcionários governamentais e homens de negócios foram chamados a depor para explicar suas ações, sobretudo as relacionadas com o Paquistão. Algumas das sessões foram tensas. Ao final, no entanto, o Bundestag emitiu um relatório que absolvia as companhias alemãs de envolvimento no assunto. Era um absurdo. Hibbs escreveu extensamente sobre o relatório, mas, na essência, o desprezou por se tratar de um encobrimento.

Nem ele nem seus leitores precisavam que o Bundestag lhes dissesse o que estava acontecendo. O programa de armamento nuclear do Paquistão, embora negado oficialmente, já era então bem conhecido, assim como a existência de sua rede de compras na Europa. Por vários anos A. Q. Khan estivera se gabando dela, do seu laboratório em Kahuta. Com efeito, Khan já era uma figura de tal projeção no Ocidente que a revista *Time* publicou uma reportagem destacada sobre ele em 1985. Ele era retratado na imprensa européia e norte-americana como um cientista do mal e um espião traiçoeiro, entretanto, naquela altura da história, em muitos aspectos fazia sentido para o Paquistão armar-se com a bomba — como, aliás, para todos os demais aspirantes nucleares e para as potências tradicionais, inclusive os Estados Unidos. Em particular, é provável que Hibbs não estivesse de acordo. Numa conversa recente comigo, ele se referiu aos esforços de Khan como "diabólicos". Mas quase sempre guardava suas opiniões para si mesmo e em suas publicações preocupava-se apenas com a exatidão das notícias nucleares.

Algumas dessas notícias continuavam a vir do Paquistão. Uns poucos supridores mais ostensivos foram processados na Alemanha, nos Estados Unidos e na Suíça; outros foram identificados, contudo, por falta de provas quanto às intenções, puderam continuar a operar. A rede de compras do Paquistão permaneceu extensa e robusta, suprindo, além das instalações de enriquecimento de urânio de A. Q. Khan, o programa rival, de plutônio, da PAEC. Mas outros aspirantes já se envolviam também. O muro de Berlim caiu, a Guerra Fria chegou ao fim e o comércio de tecnologia nuclear cresceu. Àquela altura, Hibbs já era um perito, o repórter que todos liam. Na década de 1990, ele mergulhou no tema do comércio ilícito, elaborando hipóteses na sua mente e fazendo perguntas cada vez mais precisas a especialistas obscuros que sabiam quem ele era, mas não necessariamente o que buscava.

Pedi a ele que me familiarizasse com seu processo investigativo, e Hibbs então começou: "Havia uma companhia alemã que estava exportando certo equipamento para o Paquistão que, na pior das hipóteses, podia se destinar ao programa de armamentos nucleares. Todos os elementos superficiais sugeriam que não era o caso, mas sim que se tratava apenas de um cientista que foi ao Paquistão e vendeu algum equipamento a uma instituição inócua de pesquisas — e aí a coisa terminou. Essa era a explicação oficial na Alemanha. Então eu comecei a estudar o assunto, sob diferentes pontos de vista, e vi que havia uma chance muito pequena de que o equipamento pudesse ter sido usado para separar o trítio, um gás que tem um papel a desempenhar nas armas nucleares. Eu me perguntava se o equipamento poderia ser usado para isso. Não era uma coisa líquida e certa, mas seria possível? Depois de algum tempo, percebi que *sim*, era possível. Na seqüência eu me perguntei: existe alguma outra coisa que aquele cientista tenha feito e que indique que ele conhecia a tecnologia? Comecei a falar com as pessoas e ficava fazendo uma pergunta depois da outra. Eu estava operando no vácuo e o fato é que as pessoas que trabalham nos laboratórios nucleares dos Estados Unidos não deviam estar falando nada para mim. Mas eu continuava a perguntar: Pode ser isto? Pode ser aquilo? E se for verdade, também pode ser aquele outro? Depois de uns meses, quando todas as respostas pareciam ser positivas, finalmente o artigo que eu escrevi dizia que esse sujeito da Alemanha tinha exportado para o Paquistão um equipamento para separar trítio. Aí eu soube que dentro dos laboratórios americanos houve uma agitação horrorosa, porque o que eu escrevi batia com aquilo que eles estavam cogitando e tudo era confidencial".

Eu disse: "Mas no dia-a-dia, concretamente, em que consiste esse trabalho?".

Ele disse: "Consiste em falar com o maior número possível de pessoas".

"E com perguntas diretas?"

"Sim, mas também com perguntas gerais e genéricas. Se você liga para alguém em um laboratório do governo e pergunta: 'Você acha que esse alemão está exportando equipamento para o programa de armas nucleares do Paquistão?', o cara provavelmente vai desligar. Deve passar algo assim pela cabeça dele: 'O quê? Armas nucleares no Paquistão? Isto aqui é um laboratório do governo e o repórter não tem credencial de segurança! *DESLIGA o telefone*'.

Mas se você encontrar o mesmo cara em uma conferência e lhe fizer uma pergunta genérica sobre a configuração da máquina — por exemplo, 'Se a peça do equipamento for configurada assim, ela pode ser usada para isto? E pode ser usada para aquilo?' —, aí talvez ele responda. E se você faz a mesma pergunta genérica para uma porção de gente, é possível que algo se cristalize a partir daí e que você consiga fazer progresso".

Hibbs fez tanto progresso que sempre conseguia acertar. Ele era leitura obrigatória, o espião dos espiões, um serviço de inteligência de uma pessoa só e por preços de ocasião. Os despachos assinados por ele eram tão curtos e técnicos que, para os leitores em geral, podiam ser difíceis de decifrar. Às vezes, parecia que ele estava descrevendo simples fragmentos de fumaça. Mas em 1989, a fumaça provinha de múltiplos horizontes. Corria a notícia de que Saddam Hussein, depois de sofrer a perda do reator Osirak, reconstruíra um programa de armas nucleares e estava tentando fabricar uma bomba que funcionasse em um prazo de dois anos. O Iraque era membro do Tratado de Não-Proliferação Nuclear e estava, portanto, sujeito a inspeções da IAEA duas vezes por ano. Tais inspeções, à época, eram estranhamente não intrusivas no mundo inteiro. Ocorriam mediante convite formal, com itinerários controlados pelos governos e negociados com semanas de antecipação. No Iraque, elas haviam produzido bons jantares e shows de dança do ventre, mas nada no campo nuclear. Pelos padrões diplomáticos da IAEA, o país continuava limpo. Isso significava ou que as informações de Israel eram falsas e perigosas (provavelmente de natureza propagandística), ou que havia ocorrido uma séria falha no próprio coração do NPT.

Depois da Guerra do Golfo, viu-se que os dois aspectos eram até certo ponto verdadeiros, porém isso estava reservado para o futuro. No meio-tempo, depois que a informação israelense se tornou conhecida, Hibbs mandou um despacho inicial, o primeiro de uma série de mais de 160, sobre a não-proliferação no Iraque, no qual descrevia o amplo ceticismo predominante entre os técnicos quanto à possibilidade de que qualquer programa iraquiano pudesse estar tão perto de fabricar uma bomba. O artigo foi motivo de cautela. Com o tempo, seu ceticismo a respeito da informação israelense tornou-se um ponto de controvérsia com a imprensa maior nos Estados Unidos, que refletia a tendência, já então notória do governo norte-americano, de levar a sério as palavras de Saddam Hussein e exagerar a iminência dos perigos nucleares que ele representava. Hibbs refletia uma visão mais sóbria. Seus escritos baseavam-se na mais profunda atenção aos detalhes. Ele não punha em dúvida que os engenheiros iraquianos algum dia pudessem produzir uma bomba e que Saddam Hussein possivelmente a usasse, mas também conhecia as dificuldades técnicas que antes teriam de ser superadas.

Como costuma acontecer, a dificuldade maior consistia na aquisição de quantidades suficientes de combustível de teor militar. Anos depois, soube-se que o informe israelense, que foi considerado muito alarmista, não estava de todo equivocado. O Iraque estava efetivamente trabalhando em um programa de armamento nuclear. Abandonara a esperança de extrair plutônio dos reatores civis e, como o Paquistão, decidira buscar o desenvolvimento de bombas construídas em torno de núcleos de urânio altamente enriquecido. Como signatário do NPT, o país tinha direito ao uso de urânio enriquecido a teores mais baixos para pesquisas e produção de energia, no entanto, como se tratava de um combustível monitorado pela IAEA, era difícil desviá-lo para um programa militar sem chamar a atenção. A solução residia na construção de um programa de enriquecimento totalmente à parte, que ficasse escondido do começo ao fim, ou que, pelo menos, pudesse ser refutado.

Em meados da década de 1980, já ao final da guerra entre o

Iraque e o Irã, quando Saddam ainda era uma espécie de amigo dos Estados Unidos, o Iraque lançou uma iniciativa secreta para comprar ou roubar o equipamento necessário, principalmente de companhias privadas do Ocidente. Mesmo tendo expressado seu ceticismo acerca das conclusões do informe israelense, Hibbs se mostrou interessado no assunto. Escrevendo de Bonn, no verão de 1990, logo após a invasão do Kuwait pelo Iraque, ele deu o furo sobre o grande esforço de um comprador iraquiano na Europa e nos Estados Unidos, com o objetivo de adquirir os componentes necessários para uma usina de enriquecimento de urânio à base de centrífugas.

Aqui está Hibbs por inteiro e, para os não-especialistas, menos exigente do que em outras ocasiões:

NuclearFuel
20 de agosto de 1990
AGENTES ALFANDEGÁRIOS DIZEM QUE IRAQUE PROCURA
CENTRÍFUGAS PARA ENRIQUECIMENTO DE URÂNIO

Mark Hibbs, Bonn

O Iraque está buscando ativamente tecnologia para o desenvolvimento de um complexo de centrífugas de gás, sem salvaguardas, segundo disseram nesta semana peritos em não-proliferação, fontes diplomáticas e agentes alfandegários.

Até aqui, a maior parte dos peritos supunha que o Iraque não vinha realizando um esforço concentrado para adquirir tecnologia de centrífugas. "O Iraque não é o Paquistão", afirmou um funcionário do governo americano. Leonard Spector, membro associado do Carnegie Endowment for International Peace, de Washington, D.C., disse, no entanto, que informações recentes "sugerem que o Iraque tem uma lista e está buscando fazer compras".

No último caso que surgiu, *NuclearFuel* apurou que as autoridades suíças estão investigando companhias que poderiam ter mandado para o Iraque tampas para tubos de centrífugas, sob o contrato de uma firma alemã que exportou equipamentos relacionados com centrífugas para o Iraque em 1988...

O presidente iraquiano Saddam Hussein reiterou seu desejo de adquirir arsenais nucleares, passo que violaria o artigo II do Tratado de Não-Proliferação Nuclear (NPT), assinado pelo Iraque em 1970. Fontes diplomáticas estão agora questionando a credibilidade do compromisso do Iraque com o NPT.

Fontes da investigação disseram a *NuclearFuel* na semana passada que autoridades da alfândega suíça estão investigando as exportações de duas firmas suíças para o Iraque. As fontes não forneceram o nome das firmas. Diz-se que uma delas é fabricante de máquinas-ferramentas e que a outra é especializada em processamento de metais.

Essas fontes afirmaram que tais empresas estão sob suspeita de terem exportado tampas para tubos de centrífugas de gás para o Iraque. Peritos acrescentaram que as tampas se ajustam às terminações inferior e superior de cada tubo horizontal das centrífugas. A tampa inferior age como um selo para o tubo da centrífuga e tem uma agulha que se projeta da tampa para o tubo. A tampa superior contém um ímã em forma de anel e apresenta penetrações para a injeção de gás UF_6 normal e para a saída de UF_6 enriquecido.

Como a maioria dos componentes de centrífugas, as tampas têm de ser manufaturadas com materiais específicos e de alto desempenho para resistir à corrosão e ao cansaço mecânico, de acordo com peritos em centrífugas da Europa Ocidental. Essas fontes disseram acreditar que, como as tampas são "muito úteis para a fabricação de centrífugas", sua venda para um cliente estrangeiro demandaria uma licença de exportação em todos os países do Ocidente.

As fontes declararam que as autoridades suíças estão investigando informações segundo as quais as duas firmas trabalharam sob o contrato da empresa alemã H&H Metalform GmbH. Funcionários do Bundesamt für Wirtschaft (BAW), o órgão de controle de exportações da Alemanha Ocidental, disseram a *NuclearFuel* que essa companhia enviou máquinas de extrusão rotativa para o Iraque em 1988, antes de as máquinas terem sido incluídas na lista alemã de tecnologias de uso duplo que exigem licença de exportação (*NW*, nº 2, 9 de agosto). Peritos em centrífugas revelaram que as máquinas de extrusão rotativa são usadas para o processamento a frio de aço martensítico na produção de tubos de paredes finas para foguetes e centrífugas de gás. Se a exportação dessas máquinas pela H&H Metalform for associada à exportação de tampas pela empresa suíça, dizem as fontes, o uso das máquinas na fabricação de centrífugas pelo Iraque seria "uma possibilidade muito forte".

Em outro caso recente na Alemanha Ocidental, a Export-Union GmbH, empresa comercial baseada em Düsseldorf, negou que tenha colaborado num esforço clandestino do Iraque para enriquecer urânio. Três dias antes, a polícia alfandegária da Alemanha Ocidental recebeu pistas de que essa firma havia enviado para o Iraque aço martensítico em teores apropriados para centrífugas. Funcionários da BAW afirmam que a alfândega alemã continuará as investigações com a ajuda de outros especialistas em metalurgia.

Funcionários da alfândega foram informados a respeito da exportação de aço martensítico para o Iraque no dia 10 de agosto, depois que agentes comerciais iraquianos efetuaram, na Alemanha, controles de qualidade em uma partida de aços especiais destinada a Bagdá.

Os aços martensíticos, que foram desenvolvidos especificamente para a indústria de foguetes e para a fabricação de centrífugas de gás, diferem dos aços convencionais por serem endurecidos por meio de uma reação metalúrgica que não envolve o carbono. O termo inglês "maraging" (utilizado na expressão "maraging steel", que se traduz por "aço martensítico") é derivado de "martensite age hardening" e denota um processo de endurecimento de uma matriz martensítica baixa em carbono. De acordo com os regulamentos alemães de exportação, esses aços requerem permissão para serem exportados se a sua força tênsil for de pelo menos $1,7 \times 10^9$ newtons por metro quadrado.

Funcionários da Export-Union disseram que cerca de cinqüenta toneladas métricas de aço endurecido por esse processo, e que foram enviadas para o Iraque no ano corrente por um valor total de 3,8 milhões de marcos (2,4 milhões de dólares), "não poderiam ter sido usadas com o propósito de produzir ultracentrífugas de gás".

De acordo com a Export-Union, essa foi a conclusão a que se chegou depois que a própria companhia e funcionários da BAW verificaram as especificações materiais do aço a ser exportado e examinaram o usuário final. A BAW informou à Export-Union por escrito, em 1º de fevereiro, que "o material descrito no seu pedido de permissão para exportar não requer uma licença de exportação".

O aço foi fabricado pela empresa Saarstahl AG, de Voelklingen, Alemanha Ocidental, e vendido para a Export-Union. Antes da operação de exportação, peritos em materiais da Technischer Ueberwachungsverein (TUeV) Saarland verificaram a qualidade do material com relação à especificação contida nos documentos de exportação e os funcionários iraquianos presentes durante a inspeção mostraram-se satisfeitos. A TUeV não estava obrigada a especificar se o material poderia ser usado para a fabricação de centrífugas nem se as leis alemãs de exportação seriam violadas.

"Fizemos a verificação apenas para nos certificarmos de que a qualidade do material era condizente com os documentos", disse um funcionário graduado da TUeV. "Não investigamos para que servia o material."

Peritos europeus na área das centrífugas afirmam que a experiência revela que o aço martensítico é o melhor material atualmente disponível para a fabricação de rotores de centrífugas porque a produtividade pode ser consideravelmente aumentada e porque o aço martensítico causa menos problemas de corrosão em relação a outros materiais.

No entanto, esse aço não é absolutamente necessário para a produção de centrífugas. "Sua ausência não impedirá o avanço do Iraque, se ele estiver realmente disposto a fabricar centrífugas", confidenciou um perito dessa área. As primeiras centrífugas instaladas pelo consórcio trilateral europeu de enriquecimento (Urenco), por exemplo, foram feitas com alumínio e fibra de vidro.

De acordo com o Departamento de Comércio dos Estados Unidos, o Iraque também tentou obter tecnologia relativa a centrífugas naquele país.

Em março de 1989, autoridades federais apreenderam 27 caixas de bombas de vácuo que seriam exportadas para Bagdá pela empresa CVC Products, Inc., de Rochester, N.Y. As bombas, que a CVC afirmou estar sendo importadas pelo Iraque para a produção de azeites vegetais, foram apreendidas depois que o Departamento de Comércio declarou que elas teriam "melhor uso" no enriquecimento de urânio, segundo David Schuster, funcionário do Escritório de Legalização de Exportações em Nova York.

Hibbs não ficou por aí. Nos meses que se seguiram, no outono de 1990, durante a ocupação do Kuwait pelo Iraque, ele continuou a pesquisar as atividades do Iraque na Europa. Sem estabelecer conexões explícitas com o Paquistão, descreveu uma rede de compras no "mercado cinzento" que era notavelmente similar à de A. Q. Khan — e exatamente igual em alguns casos. Os principais supridores eram alemães, com a colaboração de suíços e outros. Em dezembro de 1990, durante as preparações para a Guerra do Golfo, o *Sunday Times* de Londres publicou um artigo alarmante que parecia corroborar o ponto de vista israelense e que afirmava que o programa de centrífugas do Iraque estava a apenas um ano de alcançar o ponto de enriquecer uma quantidade de urânio suficiente para produzir uma bomba. Hibbs prosseguiu em suas pesquisas e informou que a centrífuga em questão era um modelo antigo da Urenco, não tão avançada quanto a que Khan presumivelmente havia roubado, mas que talvez fosse capaz de cumprir a missão — desde que pudesse girar com a velocidade necessária sem se despedaçar e estivesse ligada pelo menos a muitas centenas de clones girando à mesma velocidade, em uma "cascata" através da qual fluiria o urânio convertido em gás.

A fonte do modelo da centrífuga parecia ser um alemão subcontratado da Urenco, cujos engenheiros teriam tido acesso aos planos depois de deixar a companhia. Hibbs se deslocara para Munique para encontrar-se com um dos principais suspeitos, um perito em centrífugas chamado Bruno Stimmler, que viajara para Bagdá dois anos antes como consultor e que fora alvo de uma investigação criminal na Alemanha, a qual, entretanto, tinha sido frustrantemente abandonada. Hibbs conseguiu que ele falasse. Stimmler afirmou não ter conhecimento da fonte européia do Iraque, mas admitiu ter ido àquele país para encontrar-se com engenheiros iraquianos e descreveu em detalhes o que pudera ver da sua centrífuga. Ele estava tão pouco preocupado com os contatos que fizera que chegou a dizer a Hibbs que oferecera opiniões a respeito de modificações que abreviariam o ciclo do enriquecimento. "Mas eles não se interessaram", escreveu Hibbs, citando-o.

O próprio Hibbs estava claramente guardando seu julgamento. A falta de interesse dos iraquianos efetivamente parece improvável, dadas as implicações de um fracasso perante Saddam Hussein, mas a leitura de Stimmler a respeito do programa iraquiano acabou por se revelar correta, na maioria dos casos. Em síntese, o Iraque havia conseguido produzir uma única centrífuga, que ainda não havia sido plenamente testada. Algum progresso deve ter sido feito nos dois anos seguintes; contudo, segundo Stimmler, tal como relatado por Hibbs, a existência de uma cascata de centrífugas em funcionamento em uma usina de enriquecimento operacional, que era a premissa da informação do *Sunday Times*, continuava a ser "completamente inverossímil e absurda".

Em seguida vieram a campanha de bombardeios e a curta Guerra do Golfo, no curso da qual o Iraque foi expulso do Kuwait. Como parte dos acordos de paz, foram impostas ao regime iraquiano inspeções nucleares novas e mais agressivas. As inspeções eram conduzidas pela IAEA, como sempre, mas também por um grupo criado especificamente para esse fim, a Comissão Especial das Nações Unidas [United Nations Special Commission — Unscom], cuja missão era buscar armas de destruição em massa em todas as suas formas — químicas, biológicas e nucleares. Os inspetores da Unscom tinham o direito de falar com quem quisessem e ir aonde quisessem, sem aviso prévio. Os iraquianos, é claro, tentaram obstruir suas atividades, mas nos anos seguintes os inspetores descobriram muito, e o que encontraram foi chocante. Embora fosse verdade que o programa iraquiano de centrífugas não tinha ido além do estágio inicial de testes, ele era maior e mais sério do que se sabia. Pelo menos quanto às intenções, não era um programa meramente experimental — tratava-se, sim, de uma tentativa em escala industrial de produzir bombas atômicas. Além disso, o Iraque pretendia montar um programa ainda maior usando máquinas eletromagnéticas chamadas calútrons — uma tecnologia de enriquecimento desclassificada pelos Estados Unidos em 1949 e considerada de tal modo obsoleta que ninguém, nem mesmo Hibbs, suspeitara que o Iraque poderia escolhê-la. Neste caso, contudo, "obsoleta" significava mais fácil de conseguir. O programa das calútrons avançara substancialmente mais do que o das centrífugas. No verão de 1992, Hibbs informou que, ao dar início à Guerra do Golfo, o Iraque estivera a três anos de produzir quantidade suficiente de urânio altamente enriquecido para que Saddam tivesse sua primeira bomba.

Mas o choque maior foi que esses programas nucleares de escala industrial — usando componentes adquiridos no Ocidente, praticamente à vista da IAEA — escaparam amplamente à detecção. Com efeito, tornava-se claro que, ao contrário de outros aspirantes ao poder nuclear que haviam se recusado a aderir ao Tratado de Não-Proliferação Nuclear (Índia, Israel, Paquistão, Argentina e Brasil, entre outros), expondo, assim, suas intenções, o Iraque usara o tratado como escudo, ganhando em decorrência maior liberdade de ação. As revelações provenientes do Iraque provocaram uma crise entre diplomatas e especialistas em não-proliferação. Principalmente na Europa e nos Estados Unidos havia o entendimento de que, para que as estruturas diplomáticas que eles próprios construíram não entrassem em colapso, era necessário fazer algo. E algo foi feito — ainda que dentro dos esquemas convencionais, em função tanto da autodefesa burocrática como de uma esperança realista de limitar a proliferação das bombas atômicas. Nos anos que se seguiram à Guerra do Golfo, as listas de controles de exportação cresceram e passaram a requerer um nível novo de escrutínio governamental (nos Estados participantes) antes que se efetivassem as exportações de máquinas, materiais e componentes de "uso duplo". A ampliação de tais listas forçou as redes de compra européias a agir sobretudo clandestinamente, eliminando boa parte da ambigüidade até então existente e obrigando as empresas e os consultores a quebrar a lei se quisessem fazer negócios no campo dos arsenais nucleares, para não falar das questões de consciência. No novo contexto de um perigo agora efetivamente comprovado, diminuiu a resistência européia ao ativismo norte-americano e melhorou a cooperação entre os diversos serviços de inteligência e fiscalização legal. Além disso, em 1997, o Tratado de Não-Proliferação Nuclear foi ampliado com um "Protocolo Adicional" que permite inspeções mais rigorosas da IAEA em instalações nucleares, ainda que restritas aos países que estejam dispostos a aderir. Havia um fator que continua a limitar a efetividade das inspeções da IAEA até hoje: como agência internacional cujo propósito principal era promover o uso civil do poder nuclear, era expressamente proibido à IAEA desenvolver conhecimento especializado para projetar arsenais nucleares. Essa proibição fora imposta sobretudo pelos nacionalistas do Congresso norte-americano, cujos pesadelos incluem a metamorfose das Nações Unidas em uma potência nuclear independente. Na prática, isso significava que os inspetores trabalhavam permanentemente em desvantagem e só podiam investigar programas clandestinos por meio de auditorias em instalações civis no que se referia a déficits ou desvios de material, o que significa explorar apenas o entorno da questão real que a todos preocupa. A despeito disso, o Protocolo Adicional, assim como as demais medidas tomadas após o desfecho da Guerra do Golfo, provavelmente ajudou a ganhar algum tempo.

Mas, enquanto as nações desenvolvidas cerravam fileiras — fundamentalmente contra a aquisição de arsenais nucleares por países pobres e instáveis —, formava-se um novo padrão de comportamento que levava estes últimos a se ajudar mutuamente. Havia razões para isso, além de conveniência e da ambição: uma rejeição moralista à ordem nuclear discriminatória consagrada no NPT. Em princípio, a rejeição fazia sentido. Se todos os povos são iguais, por que não eram iguais justamente na questão da posse de arsenais nucleares? Tratava-se, na essência, da mesma questão, embora em formas mais concretas, que vinha prejudicando os controles de exportação na Europa e em outros lugares. As únicas respostas possíveis eram de ordem prática, mas para certos países elas já não se revestiam de peso suficiente. De toda maneira, a nova forma de proliferação é bem mais ampla do que o alcance das estruturas convencionais de controle.

Como se sabe bem agora, o pioneiro foi o Paquistão, onde A. Q. Khan explorou as conexões que desenvolvera na aquisição de armas nucleares e, desviando com astúcia os fluxos das compras paquistanesas, acabou por estabelecer um mercado virtual de armas nucleares no qual os países podiam comprar pacotes completos, desde as oficinas mecânicas e as centrífugas até os projetos de bombas.

Sem ainda conhecer bem as proporções da questão, Mark Hibbs escreveu sobre os primeiros sinais. Em outubro de 1990, em um artigo sobre o programa de centrífugas do Iraque, ele expressou o ceticismo dos especialistas nucleares quanto aos conhecimentos de engenharia do Iraque necessários para realizar esse esforço e mencionou a possibilidade de uma cooperação secreta com o Brasil ou com o Paquistão — dois países que estavam fora do âmbito de ação da IAEA. Mais tarde verificou-se que essas suspeitas específicas eram infundadas, pois o conhecimento técnico relativo às vendas ao Iraque era sobretudo alemão. Todavia, a possibilidade de uma colaboração nuclear direta entre os pobres já estava obviamente na cabeça dos observadores. Em novembro de 1993, Hibbs deu o furo de que, durante uma reunião no mês anterior em Bagdá, o vice-primeiro-ministro de Saddam, Tariq Aziz, dissera aos inspetores da IAEA e da Unscom que um paquistanês ou indiano conhecido simplesmente como Malik, e que residia na Grã-Bretanha, tinha providenciado em 1989 entregas de um aço especial de alta resistência para a fabricação das centrífugas clandestinas iraquianas. Hibbs escreveu que, com base nessas informações, agentes britânicos tentaram identificar aquela pessoa, mas não tiveram êxito. Ao final da matéria, ele mencionou que, após a reunião de Bagdá, o diretor da IAEA, Hans Blix, relatara ao secretário-geral da ONU, Butros-Ghali, que as informações proporcionadas pelo Iraque pareciam ser quase completas, embora ainda houvesse certas áreas cinzentas.

Um ano depois, em 1994, Hibbs voltou ao assunto e revelou que Malik era um paquistanês cujo nome inteiro era Majar Malik e que vivia no Sul de Londres, onde era proprietário de uma pequena companhia comercial chamada Development & Technology Enterprises, Ltd. A firma aparecia em uma lista do Departamento de Comércio dos Estados Unidos por ter feito indagações a respeito de exportações de produtos alimentares e cigarros, entre outras coisas. Hibbs também revelou que o aço de alta resistência fora enviado por uma firma austríaca, através do porto de Antuérpia, na Bélgica, e viajara em dois navios paquistaneses a Dubai para ser então transportado de caminhão até o Iraque. Como as leis austríacas de exportação eram pouco exigentes, os agentes britânicos que finalmente localizaram Malik concluíram que não havia evidência de que algo ilegal fora praticado, e a IAEA considerou o caso encerrado. Hibbs logrou um contato telefônico e Malik negou que tivesse algum conhecimento dos embarques do aço.

No verão de 1995, no entanto, o nome surgiu de novo. O genro de Saddam, Kamel Hassan, que era o encarregado do programa nuclear antes da guerra, havia fugido para a Jordânia e começara a falar. Entre os documentos encontrados posteriormente na sua fazenda de criação de galinhas no Iraque, estava um memorando secreto escrito por agentes do serviço de inteligência iraquiano, o Mukhabarat, dirigido a uma pessoa desconhecida que era parte do programa de armas nucleares. O memorando descrevia um contato feito com o Mukhabarat na Europa, em outubro de 1990, durante a ocupação do Kuwait pelo Iraque, por um paquistanês chamado Malik, que dizia ser intermediário de A. Q. Khan e oferecia assistência ao Iraque para a instalação de centrífugas e a fabricação de uma bomba. O preço pedido era de 5 milhões de dólares adiantados, com uma comissão adicional de 10% sobre todos os materiais e componentes envolvidos. O memorando, traduzido, dizia o seguinte:

> Proposta ultra-secreta
>
> Transmito-lhe em anexo a seguinte proposta do cientista paquistanês dr. Abdul Qadeer Khan a respeito da possibilidade de ajudar o Iraque a desenvolver um projeto de enriquecimento de urânio e de fabricação de uma arma nuclear. O supracitado expressou-o da seguinte maneira:
> 1. Ele está preparado para nos dar planos e projetos de uma bomba nuclear.
> 2. Assegura todos os requisitos e materiais a partir de países da Europa Ocidental, através de uma companhia que possui em Dubai.
> 3. Pede um encontro técnico preliminar para consultas a respeito dos documentos que nos apresentará. Contudo, as circunstâncias atuais não permitem um encontro imediato com o supracitado. Existe a possibilidade de um encontro imediato com o intermediário com quem temos conexões e boas relações na Grécia.
> 4. A motivação subjacente a esta proposta é o ganho de lucros para ele e para o intermediário.
> 5. O projeto recebeu o nome-código de A-B, para uso em correspondência e consultas.
>
> Examinem, por favor, e dêem-nos a sua opinião sobre o assunto de modo que possamos tomar as medidas iniciais para consultá-lo, de acordo com as notas e instruções que recebemos dos senhores.
>
> Obrigado.

Os iraquianos suspeitaram que a oferta fosse uma fraude ou uma armadilha e pediram amostras dos produtos — possivelmente um componente, ou um plano. As amostras nunca foram enviadas porque a Guerra do Golfo começou e as inspeções internacionais subseqüentes acabaram com a possibilidade de qualquer acordo desse tipo. De toda maneira, é quase certo que a oferta era verdadeira. Depois da descoberta do memorando, as agências de inteligência ocidentais e a IAEA o mantiveram em segredo por quase uma década, até 2004, presumivelmente devido a pressões políticas, ou para permitir a coleta de novas informações sobre as atividades de Khan. Nem Hibbs nem nenhum outro repórter escreveu sobre isso na época. Mas Hibbs estava no encalço de Khan e já reunia indicações de que a rede de compras paquistanesa enveredara pelo rumo da proliferação das armas.

Em 1990, quando Malik contatou o regime iraquiano, A. Q. Khan vivia vibrantemente em Islamabad — adulado pelos militares e pelos civis, adorado pelas massas; dispondo de múltiplas residências de luxo; cercado de guarda-costas e bajuladores; mandando donativos para escolas, mesquitas e obras de caridade; dando conferências; e chefiando o laboratório governamental de Kahuta, que já tinha então o seu nome. Além de controlar 10 mil centrífugas e produzir o urânio altamente enriquecido necessário para o arsenal nuclear do Paquistão, o laboratório se expandira, projetava e produzia outras armas, e começava a trabalhar no problema do envio das armas nucleares por meio de mísseis balísticos. O Paquistão, que ainda não tinha testado suas ogivas, continuava a negar oficialmente a existência de um programa de armas nucleares, mas as negativas eram dissimuladas e claramente desprovidas de sinceridade, como paródias de sofisticação diplomática, que não pretendiam ser críveis. Particularmente desde a bem-sucedida queda-de-braço de três anos antes com a Índia, quando se acredita que o Paquistão ameaçou aniquilar o seu vizinho, Khan ficara livre da necessidade de ser discreto. Em público, ele assumira o papel que acreditava ser o que lhe cabia — já não era um simples refugiado do tempo da Partilha, ou um arrivista em terra de pobres, mas sim Khan, o magnífico, o "cientista brilhante", sábio e progressista, o salvador do Paquistão.

A fama o desequilibrara. Ele era alvo de aclamações públicas raramente vistas no Ocidente — bastante próximas da idolatria, que faziam com que as desejasse cada vez mais. Ao que parece, o dinheiro nunca foi uma obsessão para Khan, mas teve o seu papel. O laboratório nuclear era alimentado por um orçamento secreto e volumoso, que não requeria prestações de contas e do qual Khan sacava fundos livremente, como se o dinheiro fosse dele. Seria de esperar que os gastos de Khan provocassem investigações, mas isso não ocorreu no Paquistão. Várias vezes perguntei às pessoas de lá se elas não se preocupavam com as origens da riqueza de Khan. Um homem próximo ao regime de Musharraf tentou me convencer de que a mulher de Khan, Henny, provinha de uma família holandesa rica e que o dinheiro que ele gastava era dela. Porém, a maior parte dos demais entrevistados foi mais franca comigo. Deixaram claro que a minha pergunta era ingênua e típica de um estrangeiro americano. Eles não se preocupavam com as origens da riqueza de Khan porque consideravam certo que ele "metia a mão", como todos os demais.

Um parlamentar paquistanês fez questão de me dizer que algumas das posições mais altas do governo estavam nas mãos de figuras que não só eram corruptas e oportunistas, como verdadeiros ícones da criminalidade paquistanesa — pessoas provenientes de famílias com notório envolvimento em assassinatos, extorsões, trapaças eleitorais, contrabando e fraude. Ele já havia se queixado disso a Musharraf, que o exortara a ser realista. Musharraf explicara com paciência que o Paquistão era uma sociedade imperfeita. O parlamentar levantou os ombros. Até o Exército é dirigido como se fosse uma negociata imobiliária, expropriando terras de cidadãos comuns para passá-las a oficiais, como propriedade pessoal. Não é por acaso que Islamabad é uma cidade de mansões e que muitas delas são habitadas por generais reformados. O que eram as falcatruas de Khan em comparação com tudo isso? E, ao contrário dos generais, que tendiam a perder todas as lutas que provocavam, Khan pelo menos tinha cumprido o que prometera.

De todo modo, a idolatria era excessiva. Fui ver outro paquistanês famoso, que fora objeto do mesmo tratamento: Imran Khan, herdeiro de uma família rica, educado em Oxford, capitão do melhor time de críquete da história do Paquistão, com inúmeras vitórias sobre a Índia, e que completou suas proezas com a conquista da Copa do Mundo em 1992. O subcontinente é tão maluco por críquete que todas as atividades param durante os jogos importantes. Imran Khan, hoje com 53 anos, é um homem alto e bonito, cuja reputação de integridade — que já era forte — aumentou ainda mais com suas denúncias públicas contra a corrupção política e por ser o fundador de um grande hospital contra o câncer, destinado aos pobres de Lahore.

Mas o propósito da minha visita não era esse. Queria falar com ele sobre A. Q. Khan e, mais genericamente, sobre a natureza da fama no Paquistão. Eu disse: "Me parece uma coisa extrema. Eu compreendo a importância da bomba atômica para o Paquistão. Ela é importante para todos os países que a possuem. Só que ainda não entendi por que o Paquistão é tão peculiar a ponto de prestar culto a um homem dessa maneira".

Ele disse: "Você tem de entender a psicologia do subcontinente, e não só o Paquistão. Se você for à Índia, lá há mais idolatria — a adoração das 'estrelas' — do que em qualquer outro lugar do mundo. Eu era um paquistanês jogando na Índia, mas nunca recebi tanta adulação. Ou seja, na Índia tudo é idolatrado. Eles têm ídolos para tudo. Hinduísmo, você sabe como é".

"O.k."

"Todas as estrelas de cinema da Índia — *todas* — se comportam como A. Q. Khan. Não é só o tamanho das multidões; é a atitude deles. As estrelas de cinema de lá são como semideuses, literalmente. Qualquer celebridade. O batedor principal do time de críquete deles, por exemplo. A maneira como ele é tratado é simplesmente incrível."

"As pessoas querem tocar nele?"

"Mais! Ele precisa de segurança. Na primeira vez em que jogamos na Índia, precisamos de guardas de segurança até para cruzar o saguão do hotel, do elevador para a cafeteria. É assim. O hotel estava cercado por milhares de pessoas. *Nunca* tínhamos visto um espetáculo como aquele em toda nossa vida. E essa cultura existe também no Paquistão — não a esse ponto, porque o Islã refreia —, mas não se esqueça de que a maior parte da gente daqui é formada por ex-hinduístas convertidos, e eles conservaram muitos desses traços."

"E como é para você ser objeto desse comportamento? Como é que você segura a onda?"

Ele respondeu: "As pessoas reagem de jeitos muito diferentes. Vi muito disso no time de críquete. Os garotos vêm da pobreza, sem nenhuma educação, e quando chega a fama muitos não têm como manter o controle. Ela é destrutiva. Começam a beber, por exemplo. Porque essa é a armadilha do sucesso no Paquistão — é caríssimo tomar bebidas alcoólicas. Então eles se juntam com essa multidão que quer estar perto deles — os novos ricos, os velhos ricos —, eles convidam os garotos. Muitos jogadores perdem a cabeça e pensam que isso vai durar para sempre. Acho que a carência de educação tem muito a ver com isso, porque a educação permite que você viva em um mundo maior. O que acontece quando você não recebeu educação e fica famoso é que, mesmo no seu eu mais profundo, você se sente maior do que é — uma enorme estrela".

"Você estudou história em Oxford?"

"E ciência política."

Eu disse: "Mas A. Q. Khan também tinha boa educação".

"É. Com relação a A. Q. Khan, eu não sei, mas quando eu estava na Inglaterra, eu via que as pessoas que estudavam ciências exatas na universidade, quando estavam fora do seu campo de estudo, normalmente se comportavam de uma forma muito tola — estúpida mesmo. Já as pessoas que estudavam arte e ciências humanas, como política ou história, eram muito melhores socialmente. Lembro-me de um cientista nuclear que jogava no nosso time e eu me perguntava como é que ele iria se virar na vida. Ele se dava bem nos exames e chegou a receber uma distinção muito rara em Oxford. Mas além disso...?"

Em seguida ele riu: "Acho Abdul Qadeer exatamente igual. Lembro que uma vez estivemos juntos em um programa de televisão, um painel com quatro ou cinco pessoas diante de um auditório cheio de estudantes. Eu escutava as respostas que ele dava e pensava: 'Esse é que é o grande Abdul Qadeer? Não pode ser'. Porque o que ele dizia eram coisas de criança, na verdade. Alguém da platéia levantou e falou: 'Você é tão grande e eu não acho que esteja recebendo o reconhecimento que merece'. Era claro que ele estava tratando de seduzir Abdul Qadeer. E em vez de dizer 'E quem é que tem mais reconhecimento e fama no Paquistão?', ele falou: 'É. Você tem razão. Aqui neste país ninguém me dá bola'. E continuou muito tempo nesse tom. Eu fiquei surpreso. Ali estava aquele homem, na frente de todos aqueles garotos, se lamentando. Era estranho. Eu pensei: 'O que é que está acontecendo?'".

A resposta fácil para essa pergunta, hoje, anos depois, é que A. Q. Khan estava fora de controle. Ele tinha uma espécie de vício, já não encontrava gratificação suficiente com relação às atividades que desenvolvia no Paquistão e, sem o conhecimento das autoridades paquistanesas e do governo norte-americano, estava se tornando um delinqüente, vendendo no exterior seus segredos nucleares.

Há elementos de verdade nisso tudo, como em toda ficção. Em Lahore eu visitei um ex-ministro da Fazenda, o dr. Mubashir Hassan, engenheiro de profissão, que nos últimos anos se tornara pacifista e era um dos raros críticos paquistaneses da política nuclear do país. Hassan é um homem magro e gentil. Nos dois dias em que nos encontramos, na sua casa bagunçada em um bairro arborizado da cidade, ele estava vestido como um santo, todo de branco. Discutimos o financiamento do laboratório de Khan ao longo dos anos e, em termos gerais, o envolvimento da Arábia Saudita e de outros países na questão. Ele disse: "Mas se você quer saber exatamente de onde vem o dinheiro, de que país, em troca de que segredos de Estado e tudo o mais, ou como se fazia a contabilidade e quanto foi desviado e por quem — tudo isso vai continuar em segredo por muito tempo. Não há como saber".

Perguntei a ele como Khan se dera tão bem por tanto tempo, e ele respondeu: "É um traço cultural. A premissa ocidental de que a lei tem de ser igual para todos não é mais aplicável neste país, nesta cultura. No Paquistão, as relações existem apenas no nível individual e, como indivíduo, eu tenho a possibilidade de perdoar ou punir, independentemente do que diga a lei. É uma cultura feudal — uma cultura feudal degenerada. Por isso, para as elites do Paquistão, a lei não existe. Por isso elas podem fazer o que quiserem. Vejamos então a sua pergunta — por que ninguém nunca investigou Khan. Ele deve ter tido aliados em lugares importantes que ignoravam as suas atividades. Ele nos deu a bomba — todo o poder para ele".

Entretanto, fazer comércio com tecnologia de armas nucleares é mais do que uma simples forma de má conduta. Para o bem ou para o mal, isso tem implicações para diversas nações. Ignorar tais atividades quando elas já são conhecidas equivale a participar delas. A falta de pistas financeiras é um inconveniente, mas não deve obscurecer o essencial da história. A. Q. Khan contava com aliados em lugares importantes, os quais, em vez de ignorar suas atividades, estavam diretamente envolvidos nelas e certamente as aprovavam. No Paquistão, isso só pode significar os generais, inclusive alguns dos que estão atualmente no poder e, em uma medida impossível de saber, o próprio Musharraf.

Hassan mencionou que eles certamente receberam suficientes mensagens de alerta. Munir Ahmed Khan, chefe da PAEC e maior rival de A. Q. Khan, fora amigo de Hassan por muito tempo. No final da década de 1980, ele queixou-se reiteradamente com Hassan de que A. Q. Khan era corrupto e, o que é mais importante, de que estava vendendo os segredos nucleares do Paquistão no exterior. Segundo Hassan, Munir Ahmed Khan levara as mesmas denúncias aos generais que estavam no governo à época, e, evidentemente, nada foi feito.

Hassan empregou o termo "traição" para caracterizar as atividades de Khan. Eu disse: "Pode haver traição quando o próprio governo é cúmplice? E em um país em que não há lei efetiva? Em outras palavras, em que medida essas atividades neste país não se tornaram simplesmente uma política de governo?".

Ele concordou e disse: "Você tem razão. Você só é um traidor se o governo não souber".

Talvez a expressão *política de governo* seja forte demais para o que ocorreu. A venda de tecnologia de armas nucleares pelo Paquistão a outros países não foi um processo deliberativo que exigisse aprovação, cadeia de comando nem uma comissão formal. É mais provável que ele tenha tomado a forma de oportunidades surgidas ocasionalmente e que provocaram reações por parte de um pequeno grupo de amigos — os governantes militares, os políticos cooptados por eles e, é claro, A. Q. Khan e seus homens. Eles sabiam que tais atividades provocariam os Estados Unidos, a Europa e outras grandes potências — mas não se viam como pessoas más, nem acreditavam que estivessem rompendo as leis internacionais. Os lucros que esperavam ganhar com os negócios iriam tanto para o Tesouro nacional como para suas contas pessoais — mesmo num país em que essas distinções fazem pouco sentido. Quanto aos aspectos morais da proliferação dessa tecnologia, eles tinham suas próprias indagações — a respeito da justiça dos tratados discriminatórios de não-proliferação e de uma ordem internacional em que as potências nucleares estabelecidas insistiam em suas tentativas de "desarmar os desarmados". No nível emocional, tratava-se de uma conseqüência da vitoriosa experiência do Paquistão na fabricação da bomba, que alimentou um genuíno sentimento de solidariedade com todos os outros aspirantes nucleares, o que incluía até mesmo antagonistas potenciais — como é o caso do Irã.

Com efeito, o Irã era o freguês mais tradicional do Paquistão. Em maio de 1991, Hibbs escreveu na *Nucleonics Week* sobre a possibilidade de que o Irã tivesse lançado um programa clandestino de enriquecimento de urânio com a finalidade de produzir armas nucleares e de que nos três anos anteriores A. Q. Khan tivesse feito diversas visitas àquele país. Tudo isso foi oficialmente negado. Mas logo depois da publicação do artigo, Hibbs recebeu uma chamada telefônica de um diplomata americano chamado Richard Kennedy, na época embaixador dos Estados Unidos para assuntos de não-proliferação e representante principal do país junto à IAEA.

Kennedy disse: "Li seu último artigo".

E Hibbs: "É?".

"Sabe, aquilo sobre A. Q. Khan — que talvez ele tenha ido ao Irã... Você pode me dizer quem foi que lhe falou isso?"

"Não."

Kennedy continuou: "Posso supor que foi uma fonte de Inteligência européia?".

"Pode."

"Pode dizer de que governo?"

"Não", disse Hibbs. "Isso aguça sua curiosidade?"

Kennedy admitiu que sim. "Temos um interesse muito forte no doutor Khan e no Laboratório de Pesquisas Khan. Prestamos muita atenção no trabalho dele. Na verdade, o nosso interesse é tão intenso que, se ele pedir um tempo e for ao banheiro, nós ficamos sabendo. Sabemos onde ele está."

Claro que sabiam, e como não sabê-lo? Tudo o que Khan fazia era amplificado. Embora seja politicamente inconveniente admitir isso, os Estados Unidos tinham conhecimento não só das conversas sobre implementos nucleares que Khan mantinha com o Irã, como também do possível envolvimento do Exército e do governo do Paquistão. Hibbs informou que o embaixador dos Estados Unidos em Islamabad de 1988 a 1991, Robert B. Oakley, andou pela embaixada furioso: "Porra! Eles venderam essas coisas para aqueles sacanas!". E ele acredita que Oakley tenha expressado a mesma emoção, de maneira mais polida, perante o Conselho de Segurança Nacional dos Estados Unidos. Oakley, que atualmente trabalha na Universidade de Defesa Nacional, em Washington, D.C., diz que não se lembra de ter sido informado das vendas ao Irã quando era embaixador e que nunca foi instruído a tratar desse assunto com o governo paquistanês. Oakley ainda está preso aos códigos de segurança, e Hibbs crê que ele foi "aconselhado" a não falar. Mais por razões políticas do que por questão de segurança nacional, esses segredos estão entre os mais bem guardados dos Estados Unidos. Pelos mesmos motivos, a aparente falta de boas informações é apontada como outra falha da Inteligência do país (a ser acrescentada à implosão da União Soviética, ao 11 de Setembro, ao Iraque), quando, na realidade, a CIA tinha uma boa noção do que estava acontecendo e o conhecimento das ações do Paquistão deveria ser contado como um êxito da Inteligência americana.

Não que esse conhecimento requisitasse grandes habilidades: no Paquistão, a intenção de vender tecnologia de armas nucleares estava bem à vista. Em 1989, por exemplo, o Laboratório de Pesquisas Khan organizou a primeira conferência internacional do que seria uma série de quinze anos de cursos e simpósios ocasionais sobre o enriquecimento de urânio e centrífugas. Tais encontros, amplamente anunciados, eram programas maldisfarçados de promoção, destinados a mostrar a perícia paquistanesa a clientes potenciais de armas nucleares. No final da década de 1990, o laboratório enviou representantes a feiras internacionais de armamentos — na Malásia, na Indonésia, em Abu Dhabi e também em Karachi —, onde armavam seus estandes e distribuíam bótons e folhetos de propaganda sobre seus produtos convencionais e nucleares. Em 2001, durante seu vigésimo quinto aniversário, o Laboratório de Pesquisas Khan publicou um orgulhoso auto-retrato, e em um de seus trechos se lia:

> Em dia com as necessidades emergentes do competitivo mercado internacional de produtos de defesa, o Laboratório de Pesquisas Khan propõe oferecer sua perícia sob a forma de serviços e produtos, não só para consumidores domésticos, como também para os países amigos... Apesar de sermos uma presença nova, a participação do Laboratório de Pesquisas Khan do Paquistão tem sido muito bem recebida. O Laboratório de Pesquisas Khan conquistou credibilidade no Sudeste da Ásia, e também no Oriente Médio e na Ásia Ocidental. Sua participação regular [...] permitiu ao laboratório estabelecer e manter estreita cooperação neste campo vital com muitos países.

O ministro do Comércio do Paquistão também fez a sua parte. Em julho de 2000, publicou uma nota de página inteira na imprensa paquistanesa de língua inglesa anunciando os produtos relativos a armas nucleares que o Paquistão oferecia — uma linha completa de materiais e implementos que ficava a apenas um passo de uma bomba já pronta.

De volta ao Irã: no final da década de 1980, havia persistentes rumores de acordos nucleares secretos entre o Paquistão e o Irã. Como já se observou, todos eles foram sistematicamente negados. Em 1991, contudo, o comandante do Exército do Paquistão, general Aslam Beg, de regresso de uma viagem a Teerã, defendeu abertamente a exportação de tecnologia de armas nucleares para o Irã e aludiu aos vários bilhões de dólares que o Estado paquistanês poderia receber. Ele pode ter sido também o autor de uma nota de opinião publicada em um jornal escrito em urdu que expressava o seu entusiasmo pela idéia — embora ele tenha me negado isso recentemente no Paquistão e eu não tenha podido obter confirmação. Beg é um antiamericano com simpatias pelo Irã, que diz ser alvo de uma conspiração de mentiras tramada por Israel. Seja como for, ele foi instado a ficar quieto, no começo da década de 1990, não porque suas idéias fossem controvertidas, e sim, presumivelmente, porque as transferências de planos e de centrífugas já estivessem em andamento.

Hibbs acelerou. Em novembro de 1991, depois de noticiar as visitas não confirmadas de A. Q. Khan, ele descreveu a suspeita de um governo ocidental, não nomeado, de que o Irã já tinha obtido tecnologia de enriquecimento de urânio do Paquistão e de que essa tecnologia parecia ser a da Urenco, o consórcio do qual Khan havia roubado planos. A reação oficial nos Estados Unidos e na Europa foi "sem comentários". Isso continuaria a fazer parte de um mundo secreto, longe do alcance do público. Hibbs teve de prosseguir seu trabalho na solidão da sua caixa-preta.

Sem que ele soubesse, na década de 1990 a CIA concluíra que a conexão Paquistão—Irã se afrouxara, em parte porque as centrífugas vendidas pelo Paquistão eram refugos, sujeitas a vibrações e ineficientes em comparação com modelos mais recentes. Como conseqüência, o interesse dos Estados Unidos por Khan diminuiu e as pistas sobre o assunto também esfriaram, até certo ponto. Hoje sabemos que isso foi um erro. Khan continuou ambicioso como sempre e, como qualquer bom vendedor, ofereceu aperfeiçoamentos ao seu cliente. Suas relações com o Irã permaneceram fortes e ainda melhores, uma vez que se mantiveram fora do foco de atenção. Durante todo o transcurso daquela década, no entanto, como Hibbs costumava assinalar, permaneceram igualmente fortes as suspeitas, dos Estados Unidos, de que o Irã ainda estava empenhado em um programa de armas nucleares — com a ajuda talvez involuntária da Rússia e da China, ambas nações ansiosas por vender tecnologia nuclear civil para o Irã, como até hoje estão.

Em 2002, um raio de luz iluminou a caixa-preta de Hibbs: uma fonte confidencial da IAEA alertou-o de que o Irã avançara tanto em seu programa de centrífugas que estava pronto para abrir uma usina de enriquecimento em escala de produção. Hibbs perguntou se a IAEA possuía alguma informação sobre a origem dos planos.

A fonte disse que era "nativa".

Hibbs não acreditou e contestou: "Não há nada de nativo no programa iraniano de centrífugas. Não há nada nem remotamente nativo. Pode acreditar em mim: *tem* de ser roubado".

Roubado ou comprado. Hibbs estudou a questão e, com os fios de informação de que dispunha, formou, depois de muito esforço, um quadro mental. Ele se perguntou sobre a potência e o tamanho que teria essa máquina, sobre a quantidade de urânio que poderia enriquecer, sua velocidade de operação e o tempo que os iranianos levaram para desenvolvê-la. Consultou suas notas de dez anos antes, leu todos os seus arquivos e finalmente chegou à conclusão de que tinha de ser um modelo da Urenco, provavelmente recebido por intermédio de A. Q. Khan. Porém era necessário obter algum tipo de confirmação. Com esses elementos em mãos, foi visitar uma fonte confidencial de uma agência dos Estados Unidos, em Washington, D.C. Encontraram-se em uma cafeteria. Hibbs é tímido por natureza, mas foi direto ao tema: "O governo norte-americano sabe de onde provém a tecnologia?".

A fonte não respondeu de imediato. Aparentemente não tinha previsto a pergunta e precisava de um tempo para decidir quanto podia avançar. A escolha era entre um "sem comentários" e a revelação da verdade, porque só um tolo mentiria para Mark Hibbs. A pausa foi longa. Finalmente, ele disse: "Sim".

E Hibbs perguntou: "E de onde o Irã a obteve?".

O homem fez nova pausa. "Bem, é a mesma..." e parou. Antes, naquele mesmo ano, os Estados Unidos tinham vazado a informação de que a Coréia do Norte havia recebido protótipos de centrífugas do Paquistão em troca de tecnologia de mísseis, em um escambo entre os países. O vazamento não era contra o Paquistão, mas sim contra a Coréia do Norte, que estava acelerando seu programa de armamento nuclear e logo viria a retirar-se do Tratado de Não-Proliferação Nuclear. De todo modo, o contato de Hibbs decidiu prosseguir e revelou: "Só há um país que está exportando tecnologia de centrífugas".

"Você quer dizer que é o Paquistão?"

"Isso."

Hibbs disse: "Você sabe que, se eu confiar nessa sua informação e escrever sobre ela, vai haver uma baita tempestade e praticamente o mundo todo vai negá-la".

"Sei."

Hibbs escreveu a matéria e em janeiro de 2003 o editor da *NuclearFuel* a colocou na primeira página, com uma manchete no estilo sem enfeites do Platts em que se lia: "Paquistão apontado como fonte de dados de planos para centrífugas a serem construídas pelo Irã". Foi o trabalho mais importante da carreira de Hibbs até hoje — uma obra-prima de 2164 palavras que ia ao centro das atividades do Paquistão e mapeava, com precisão infalível, a história recente da proliferação nuclear. A reação, como Hibbs previra, foi um coro de negativas oficiais — com vários professores reagindo em uníssono para explicar por que razões culturais e históricas o Paquistão nunca teria ajudado os iranianos a se armarem. Hibbs sabia, por exemplo, que os dois países apoiaram facções diferentes na Guerra do Afeganistão? Mas Hibbs manteve a posição.

Depois ele me disse: "Não houve comentários da IAEA. Eu continuei a interagir com as fontes sobre essa história. Durante todo o ano de 2003 eles disseram para mim: 'Você está com o quadro certo, mas a IAEA está muito irritada porque você não permite que eles controlem o fluxo das informações. Eles estão atrás do Paquistão. Sabem que há indivíduos ali profundamente implicados nesse programa. Mas não podem dizer o nome do país. Ninguém vai dizer *Paquistão*. Tudo está sendo negociado discretamente entre a IAEA, os Estados Unidos e outros países'". Para os Estados Unidos, o problema estava em que o Paquistão voltara a ser um aliado confiável, desta vez por causa do esforço para desmantelar a Al-Qaeda.

Eu disse: "Então eles queriam que você parasse".

E Hibbs: "De todo modo, nós prosseguimos trabalhando sobre o Paquistão e sempre apareciam novos elementos que confirmavam a história. Eu continuei a apontar e a reapontar o Paquistão e a irritar a IAEA e o governo norte-americano, porque naquele tempo eles diziam 'Nós queremos fazer um acordo com essa gente. Nós queremos estar seguros de que isso não vai ficar fora de controle'".

Eu perguntei: "A história ou a atividade?".

"A história. Eles querem ter controle sobre ela."

Controlar uma história depois que Hibbs começa a se interessar por ela não é tarefa fácil, particularmente por causa dos nãoproliferacionistas convictos que atuam no seio do governo, que se recusam a submeter-se às agendas políticas superiores e que, por vezes, se mostram dispostos a falar. O governo Bush logrou produzir um refúgio parcial para Pervez Musharraf, permitindo-lhe atuar em nome dos Estados Unidos na sua "guerra contra o terrorismo", agindo sobretudo contra o seu próprio povo, ao longo da fronteira com o Afeganistão. Não obstante, à medida que transcorria o ano de 2003 e as revelações se somavam, ficou óbvio que o império nuclear de A. Q. Khan, em que o Ocidente se infiltrara mas que negligenciava há muito tempo, finalmente começou a ruir.

O problema com a Coréia do Norte serviu como uma primeira advertência a Khan — ou deveria ter servido, se ele fosse mais esperto e menos apaixonado por si mesmo. A cooperação com aquele país vinha desde 1992, quando o Paquistão já dispunha de armas nucleares e procurava um modelo de míssil capaz de transportá-las. Grupos de engenheiros e funcionários paquistaneses viajaram diversas vezes à Coréia do Norte para assistir aos testes de um promissor míssil de alcance médio chamado Nodong. Posteriormente chegaram a um acordo. Ao longo da década, a Coréia do Norte passou ao Paquistão protótipos do míssil, que foram modificados e produzidos no Laboratório de Pesquisas Khan, o que resultou no lançamento bem-sucedido feito pelo Paquistão logo antes dos testes atômicos realizados pela Índia e pelo próprio Paquistão em 1998. Em troca dos mísseis, o Paquistão forneceu à Coréia do Norte protótipos de centrífugas — do mesmo desenho velho da Urenco — acompanhados de conselhos sobre o enriquecimento de urânio e sobre aquisições internacionais. Isso era especialmente importante porque a Coréia do Norte sofria pressões para suspender seus programas de extração de plutônio, mas, como havia se retirado do Tratado de Não-Proliferação Nuclear, não tinha mais a obrigação explícita de desistir do caminho alternativo às armas nucleares — o refino de urânio altamente enriquecido. O acordo da Coréia do Norte com o Paquistão era secreto, é claro, mas os serviços de inteligência do Ocidente o descobriram. Por trás da cena, em 2000, funcionários americanos confrontaram o regime de Musharraf com o que acreditavam ser provas irretorquíveis (em grande parte fotográficas) do comércio de centrífugas com a Coréia do Norte. Os paquistaneses negaram categoricamente a ocorrência de qualquer atividade desse tipo. Eles olharam para os americanos, olho no olho, e mentiram — e não se importaram com que os americanos soubessem. As transferências continuaram. Os americanos persistiram e alguns deles acreditavam que as bombas nas mãos da Coréia do Norte eram mais perigosas do que nas mãos do Iraque ou do Irã. Musharraf acabou encontrando uma resposta conveniente: sem admitir qualquer infração por parte do Paquistão ou dele próprio, ou a efetivação de alguma transferência de tecnologia nuclear, sorrateiramente indicou Khan, pelo motivo básico de que ele estava fora de controle.

A indicação tomou a forma de um simulacro de investigação. Khan estava fazendo uma série de visitas à cidade-Estado de Dubai, no golfo Pérsico, onde, como muitos paquistaneses ricos, tinha uma casa e onde buscava, com freqüência crescente, apoio médico para si mesmo e para sua mulher. Dubai servia, há muito tempo, como porto de transbordo para a rede de compras nucleares do Paquistão e passara a funcionar também como centro dos negócios de distribuição nuclear. O principal colaborador de Khan em Dubai era um jovem de Sri Lanka chamado Buhary Syed Abu Tahir — atacadista de bens de consumo, com os armazéns cheios de televisores e computadores individuais, que havia vendido aparelhos de refrigeração para o Laboratório de Pesquisas Khan antes de gradualmente se envolver no contrabando de produtos nucleares. Ao que parece, Tahir era uma pessoa neutra, que fez amizade com Khan e tinha simpatia pelas aspirações nucleares dos países em desenvolvimento, mas cuja motivação principal para transformar-se em intermediário era o dinheiro. Khan não lhe restringia os lucros e na verdade o apreço que tinha por Tahir crescera tanto que brincava com ele a respeito da sua vida amorosa e por vezes o tratava como a um filho. Mas o próprio Khan continuava a ser o grande moralista — não era hostil ao ganho pessoal e se encantava com os luxos de Dubai, porém estava convencido de que o que fazia era para o bem do Paquistão.

Khan ficou perplexo, portanto, quando, ao regressar de uma viagem curta a Dubai na primavera de 2001, Musharraf o convocou para uma conversa e lhe disse que ele estivera sob a vigilância de agentes paquistaneses e que havia problemas a respeito de impropriedades financeiras. Impropriedades? No mundo de Khan essa palavra não tinha mais significado. Não se cogitava que fosse preso; contudo, no começo de 2001, alguns dias antes do seu sexagésimo quinto aniversário, A. Q. Khan foi gentilmente substituído no comando, forçado a aposentar-se, com honras, do seu querido laboratório e "promovido" à posição de conselheiro científico de Musharraf. Esse foi um toque particularmente enternecedor.

Há indicações de que o intercâmbio com a Coréia do Norte continuou pelo menos por mais um ano. Quando, por fim, o governo Bush decidiu tornar públicas suas preocupações acerca do programa de armas nucleares da Coréia do Norte, resolveu também atrasar o vazamento das informações de Inteligência até o fim de outubro de 2002, depois que o Congresso americano concedera aprovação para a invasão do Iraque. Soube-se mais tarde que o programa de centrífugas da Coréia do Norte era apenas um recurso alternativo: o regime de Pyongyang prosseguira no caminho de uma bomba de plutônio de implosão, o que levou, por fim, ao teste de outubro de 2006 (com êxito limitado). Não obstante, o erro cometido no outono de 2002 parece incrível: o governo norte-americano por um lado conduzia o país a uma guerra desastrosa em busca de programas de armamentos fantasmagóricos no Iraque e, por outro lado, era complacente com as ações tangíveis do Paquistão — que, como qualquer leitor de Hibbs sabia bem, estava dando capacitação em armas nucleares aos inimigos mais significativos dos Estados Unidos, inclusive a regimes com conhecidas conexões com terroristas islâmicos. Antes dos ataques a Nova York e Washington, o próprio Musharraf ajudara Osama bin Laden, apoiara abertamente o Taliban e usara jihadistas internacionais contra os indianos na Caxemira e em outras regiões. No entanto, os tempos haviam mudado e em outubro de 2002 Musharraf era um amigo de Washington, que tentava reprimir a idéia islamista a tiros — ainda que, ao mesmo tempo, seus serviços de inteligência continuassem a apoiar secretamente o Taliban.

Agindo contra Khan, ele conseguira cobrir-se parcialmente das revelações sobre o comércio de tecnologia nuclear levado a cabo pelo Paquistão. O secretário de Estado Colin Powell encontrou-se com Musharraf e depois, quando perguntado pela emissora de televisão ABC sobre a assistência do Paquistão à Coréia do Norte, disse: "O presidente Musharraf deu-me a sua garantia, como já havia feito antes, de que o Paquistão não está fazendo nada dessa natureza. Passado é passado. Estou mais preocupado com o que está acontecendo agora. Temos uma nova relação com o Paquistão".

O passado era o passado, mas conservava uma notável semelhança com o presente. Khan fora afastado do laboratório, porém, como o governo norte-americano devia saber perfeitamente bem, continuava a dirigir as redes nucleares do Paquistão e a fazer negócios pelo mundo inteiro. Khan estava muito vulnerável nesse momento — um bode expiatório pronto para ser sacrificado —, entretanto ficara tão embriagado consigo mesmo que, ao que parece, não acreditava nisso. Ele também estava muito ocupado: além de atender às encomendas feitas para o programa de armas nucleares do Paquistão, que prosseguiam, e de providenciar as exportações para o Irã e a Coréia do Norte, Khan se ocupava da Líbia. Há muito tempo os líbios desejavam a posse de armas nucleares e, tal como os sauditas, talvez tenham ajudado a subscrever os esforços originais do Paquistão no campo do enriquecimento de urânio, com a vaga esperança de que o Paquistão produzisse uma bomba "islâmica" a ser compartilhada. Isso não funcionou. Mas ao final da década de 1990, tendo o Paquistão expressado o desejo de fazer negócios, os termos ficaram claros: solidariedade à parte, o que contava era o dinheiro e os governos estrangeiros podiam simplesmente comprar os componentes necessários para tornar-se potências nucleares auto-sustentáveis. A Líbia decidiu ir em frente. Emissários de Trípoli encontraram-se com Khan e Tahir em Istambul e depois em Casablanca e Dubai, para discutir os detalhes.

A Líbia é uma sociedade saariana primitiva, a apenas um passo das tradições da vida nômade e com menor capacidade tecnológica do que qualquer outro aspirante nuclear. Khan deve ter dito aos líbios que isso não importava — e, dados os registros das dúvidas que antes os europeus tinham a respeito da competência do Paquistão, pode ser que os tenha convencido. De toda maneira, ele ofereceu equipar a Líbia com uma operação do tipo chave-na-mão que incluía todas as instalações necessárias para enriquecer urânio e, afinal, fazer a bomba. O preço pedido foi de 100 milhões de dólares, o que, para a Líbia, era uma pechincha, considerando o poder internacional que um arsenal nuclear lhe daria.

A Líbia concordou, e Khan, como de hábito, dirigiu-se aos seus fornecedores europeus. Com a assistência deles, em 2000 já estavam sendo instaladas dezenas de centrífugas em uma usina-piloto nos arredores de Trípoli. Nesse mesmo ano ele providenciou a entrega (ou através da Coréia do Norte, ou diretamente do Paquistão) de urânio gaseificado, que, se inserido em circuitos fechados nas centrífugas, talvez pudesse ser suficiente para uma única bomba atômica. O gás de urânio ficou guardado e parece nunca ter sido usado. Ocorrências desse tipo tiveram lugar durante o desenvolvimento do programa da Líbia, que se mostrou incapaz de absorver todo o equipamento que havia comprado e deixou grande parte do material em estágio de pré-montagem, ainda nos engradados de transporte. Apesar de tudo, Khan prosseguia atuando em múltiplas frentes. A usina-piloto, é claro, era apenas o início. Em última análise, o que a Líbia desejava era uma linha de produção sustentável e eficiente, com 10 mil centrífugas interligadas e apoiadas por mecanismos computacionais de ultraprecisão, necessários para a manufatura de peças sobressalentes e de um suprimento infindável de bombas. A instalação das máquinas-ferramentas devia ser feita sobretudo pelos supridores europeus de Khan, mas com a ajuda de alguns turcos que ele já conhecia do passado. As próprias centrífugas deveriam ser produzidas peça por peça por diferentes empresas espalhadas pelo mundo, entre as quais pelo menos uma criada especialmente para esse propósito por Tahir e Khan.

Na primeira semana de setembro de 2001, seis meses depois do afastamento forçado de Khan no Paquistão e alguns dias antes dos ataques terroristas nos Estados Unidos, a CIA emitiu uma nota em que informava que a Líbia retomara seu programa de armas nucleares e mencionava reservadamente que esse esforço requeria substancial assistência externa. Sabe-se agora que a Inteligência britânica estava acompanhando os líbios com cuidado e também podemos presumir que a CIA não se esquecera inteiramente de Khan. Passados três meses, em dezembro de 2001, Tahir abriu um negócio na Malásia, ao sudeste de Kuala Lumpur, para a fabricação de certas peças de centrífugas de baixa tolerância para o contrato com a Líbia e lhe deu o nome de Scomi Precision Engineering. A firma, criada como subsidiária de outra cujo dono principal era filho do primeiro-ministro da Malásia, era supervisionada em parte pela nova mulher de Tahir, filha de um diplomata malásio. Para a direção técnica, Tahir contratou um engenheiro suíço chamado Urs Tinner — filho de um homem apontado como fornecedor de longa data de Khan, Friedrich Tinner. Na Suíça publicou-se a informação de que Urs Tinner fora recrutado pela CIA e que as peças que ele fabricava para Tahir eram deliberadamente defeituosas, mas isso contradiz as informações oficiais dos Estados Unidos, de que desconheciam esse fato, de que não estavam envolvidos e de que não fora possível verificar a veracidade da informação. De qualquer maneira, em dezembro de 2002, os componentes das centrífugas começaram a chegar em grandes números à Líbia.

Khan continuava a voar por toda parte, fazendo negócios e gozando a vida. Entre outras andanças mais sérias, ele deu para visitar Timbuktu, no Mali, aonde chegava em avião fretado, com grupos de amigos proliferadores, e onde financiou a construção de um pequeno hotel, ao qual deu o nome de Hendrina Khan, em homenagem à sua mulher. Aparentemente, nada de terrível estava acontecendo. Com efeito, as viagens a Timbuktu eram tão divertidas que um membro da comitiva de Khan escreveu um livro a respeito delas, com conselhos, tais como não visitar o zoológico de Bamako, e com o oferecimento aos leitores do privilégio de acompanhar o grande homem relaxando e andando pelo lugar. Em 2003, no entanto, essas liberdades estavam chegando ao fim. Com a revelação da IAEA de que existiam centrífugas secretas no Irã e com os repetidos artigos acusatórios de Mark Hibbs, a partir das linhas laterais do campo de jogo, as pressões políticas sobre Musharraf só aumentavam.

O colapso alcançou Khan na segunda metade de 2003, em conseqüência de uma complexa série de eventos. Os problemas começaram em junho, quando inspetores da IAEA encontraram traços de urânio de teor militar na superfície de um equipamento auxiliar no Irã. Os funcionários iranianos, que vinham reiteradamente negando as afirmações norte-americanas de que o Irã estava empenhado em conseguir a posse de armas nucleares, viram-se na difícil posição de ter de dar uma explicação satisfatória para o fato: admitiram que o equipamento era de segunda mão e disseram que tinha sido importado de outro país. Em agosto, mais uma vez inspetores da IAEA encontraram traços similares em outro local e os iranianos avançaram um pouco em colocar a culpa no Paquistão, sem, contudo, mencionar seu o nome.

Enquanto isso, o líder líbio Muammar Kaddafi, que havia tomado a decisão de normalizar as relações com o Ocidente, estava envolvido em conversações secretas com a Grã-Bretanha e os Estados Unidos a respeito do desmantelamento dos seus programas de armas de destruição em massa. Em outubro de 2003, os britânicos e os norte-americanos decidiram lhe dar um impulso: interceptaram um navio chamado *BBC China*, que havia saído de Dubai e cruzado o canal de Suez com um carregamento de equipamentos para armas nucleares destinado à Líbia. A interceptação propriamente dita foi assunto tratado com discrição: limitou-se a uma chamada telefônica aos proprietários alemães do navio com o pedido de que ele fosse desviado para um porto na Itália para ser inspecionado. Contou-se também com a presença de um navio de guerra dos Estados Unidos, o que talvez não fosse necessário, pois os proprietários eram inocentes e nada tinham a esconder. Na Itália, a inspeção revelou cinco contêineres com milhares de peças para centrífugas fabricadas pela Scomi Precision Engineering na Malásia (e colocadas em caixas de madeira que ostentavam atrevidamente o nome da empresa), junto a outros equipamentos manufaturados na Turquia e documentação que mostrava que o transbordo em Dubai fora providenciado pelo empreendedor Tahir. Nada disso teria sido uma surpresa para os agentes de Inteligência envolvidos.

Tampouco teria sido uma surpresa para Khan que as operações do Paquistão tivessem sido infiltradas. Ele vinha trabalhando com base nessa premissa havia décadas, sem diminuir a intensidade, e a perda de cinco contêineres ou mesmo da Scomi, em Kuala Lumpur, normalmente não o teriam afetado. Mas, de um ponto de vista mais amplo, ele estava perdendo o controle. Na Líbia, a interceptação do *BBC China* foi vista como um inconveniente porque implicava um verdadeiro flagrante. É preciso dar um desconto para as afirmações subseqüentes do governo Bush de que Kaddafi foi castigado pela invasão do Iraque, porque àquela altura, no final de 2003, a ausência de armas de destruição em massa no Iraque já estava se tornando um sério problema político e a campanha militar dos Estados Unidos estava nitidamente presa em um atoleiro. Longe de mostrar-se impressionado com as ações resolutas de Washington, Kaddafi provavelmente sentiu-se revigorado pelos erros norte-americanos. De todo modo, ele já decidira fazer as pazes com o mundo e em particular com os vizinhos moralistas da Europa. Pouco depois da apreensão do *BBC China*, renunciou formalmente ao seu programa de armas nucleares.

Em novembro de 2003, os líbios aceitaram a chegada de inspetores da IAEA e de outros órgãos e começaram a responder a perguntas a respeito dos entendimentos da Líbia com o Paquistão. Os líbios foram mais acessíveis do que os iranianos. Forneceram datas e nomes, abriram suas instalações e, com o passar do tempo, permitiram que os equipamentos fossem retirados do país, sob o controle da IAEA, para serem armazenados nos Estados Unidos. Em sua maior parte, as centrífugas estavam desmontadas e incompletas, mas eram do mesmo modelo da Urenco encontrado no Irã e semelhante ao que estava sendo construído na Coréia do Norte. Em dezembro, a notícia foi publicada nos principais jornais americanos, com menção às várias conexões cruzadas. Será que ainda podia piorar?

Em janeiro de 2004, certamente depois de ter feito cópias, os líbios entregaram uma mala proveniente de uma lavanderia de Islamabad que continha os planos de uma bomba de implosão de concepção chinesa, tal como a do Paquistão. Nas margens havia notas manuscritas em inglês com diatribes contra o odiado Munir Ahmed Khan, da PAEC. Claramente, esses planos provinham do Laboratório de Pesquisas Khan, possivelmente do punho do próprio Khan.

Musharraf recorreu à mesma posição defensiva que adotara antes. Ordenou uma investigação oficial e convocou os auxiliares de Khan para depor. A conclusão já se conhecia desde o início: depois de quase seis anos de advertências, que tiveram início com a desfeita que Khan recebera no dia do teste nuclear de 1998 e prosseguiram antes e depois de sua demissão do laboratório em 2001, finalmente chegara a hora em que ele devia desaparecer para sempre. Antes de receber o bilhete azul, no entanto, havia um último serviço a prestar ao regime e, se o fizesse bem, tecnicamente falando, sua vida seria poupada. Em 4 de fevereiro de 2005, depois de vários dias de persuasão em Islamabad, ele apareceu na televisão e absolveu a todos da culpa, que assumiu sozinho. Falando em inglês, língua que relativamente poucos paquistaneses entendem, Khan declarou:

> Caros senhores e senhoras, *as-salaam alaikum*. É com o máximo sentido de tristeza, angústia e pesar que decidi comparecer perante os senhores para expiar parte da dor e da angústia que o povo do Paquistão tem sofrido em decorrência dos eventos extremamente infelizes dos últimos dois meses. Tenho consciência do caráter crítico e vital do programa nuclear do Paquistão para a nossa segurança, assim como da emoção e do orgulho nacional que ele gera em seus corações. Tenho consciência também de que qualquer lamentável incidente, evento ou ameaça a essa segurança nacional causa

grande preocupação à psicologia do nosso povo. É nesse contexto que os recentes eventos internacionais e suas repercussões para o Paquistão traumatizaram a nação.

Tenho muito a que responder. A recente investigação foi determinada pelo governo do Paquistão em conseqüência das inquietantes revelações e evidências levadas por alguns países a agências internacionais com relação a alegadas atividades de proliferação por parte de certos paquistaneses e estrangeiros nas últimas duas décadas.

As investigações demonstraram que muitas das atividades assinaladas de fato ocorreram e foram inevitavelmente iniciadas sob a minha chefia.

Nas minhas entrevistas com os funcionários dos governos interessados, fui confrontado com as evidências e conclusões e admiti voluntariamente que boa parte delas é verdadeira e acurada.

Meus queridos irmãos e irmãs, escolhi comparecer perante os senhores para falar do meu profundo arrependimento e para oferecer minhas desculpas sem reservas a uma nação traumatizada. Estou consciente da alta estima, do amor e da afeição que os senhores me dedicaram pelos serviços que prestei à segurança nacional e expresso minha gratidão por todas as recompensas e honrarias que me foram outorgadas.

Dói-me, contudo, ao olhar para o passado, ver que as realizações de toda a minha vida para dotar o meu país de uma segurança a toda prova poderiam ter sido postas em sério risco em decorrência de minhas atividades, que estiveram baseadas na boa-fé, mas também em erros de julgamento no que diz respeito a atividades não autorizadas de proliferação.

Quero deixar claro que os meus subordinados que aceitaram seus papéis agiram de boa-fé, assim como eu, e sob as minhas instruções.

Desejo também esclarecer que nunca, em momento algum,

houve qualquer autorização do governo para o desenvolvimento dessas atividades.

Assumo inteira responsabilidade pelos meus atos e peço o seu perdão.

Dou-lhes minha garantia, queridos irmãos e irmãs, de que essas atividades jamais voltarão a ocorrer no futuro.

Apelo também a todos os cidadãos do Paquistão, em nome do supremo interesse nacional, para que se abstenham de fazer novas especulações e para que não politizem esta questão extremamente sensível para a segurança nacional.

Que Alá conserve o Paquistão salvo e seguro. Viva o Paquistão!

E Khan foi para a sua casa, onde desapareceu, talvez para sempre. A investigação oficial no Paquistão prosseguiu, produzindo ocasionalmente notícias de que, sim, Khan havia praticado todas essas ações e que a culpa era dele. Vários ajudantes seus também foram condenados à prisão domiciliar. Fora do Paquistão, foram tomadas algumas medidas adicionais. Tahir foi preso na Malásia, embora tenha passado os primeiros nove meses fora do alcance dos representantes da IAEA. Os malásios fizeram uma investigação que os absolveu, eles próprios, de qualquer contravenção. Urs Tinner foi preso na Alemanha e extraditado para a Suíça, onde foi mantido na prisão durante um longo inquérito. A Alemanha tenta processar um dos alegados fornecedores de Khan e a Holanda tenta fazer o mesmo contra outro dos seus parceiros de longa data — mas ambas as iniciativas apresentam problemas. A África do Sul, que se revelou um importante provedor dos líbios, tenta, com empenho apenas parcial, agir contra alguns cidadãos seus. Enquanto isso, Kaddafi anda resmungando que fez um mau negócio, a Coréia do Norte explodiu a sua primeira bomba nuclear e o Irã está se armando rapidamente, apesar de várias manobras diplomáticas que levantam a possibilidade de que não continue a fazê-lo. Quanto aos Estados Unidos, estão a repetir a sua sofisticada afirmação de ignorância — que, durante todos esses anos, não sabiam praticamente nada das atividades de A. Q. Khan.

Entretanto, com ou sem a CIA, os leitores de Mark Hibbs sabem há muito tempo o que está acontecendo. Ele é um repórter disciplinado, que se aferra ao que é notícia, mas aqueles que sabem ler bem o que ele escreve — que vivem no mundo dos segredos nucleares — tiram igual número de conclusões ao ler as entrelinhas. Em setembro de 2005, por exemplo, um artigo que tem o título "Paquistão diz que seu papel na investigação de proliferação contra Khan está concluído", começa com duas sentenças à primeira vista simples, mas memoráveis, tanto pelas perguntas que deixa intencionalmente sem resposta como pela exposição dos fatos:

> O governo do Paquistão disse, em 29 de agosto, que sua investigação sobre Abdul Qadeer Khan, ex-chefe do Laboratório de Pesquisas Khan, sobre seu envolvimento na proliferação internacional de tecnologia nuclear do Paquistão, está concluída. "No que nos diz respeito, entendo que todas as informações que existiam foram obtidas e compartilhadas com os países pertinentes e [que] os países pertinentes estão satisfeitos com as informações", disse o porta-voz do Ministério do Exterior, Mohammad Naeem Khan em um encontro semanal com a imprensa.

A investigação estava concluída? Todas as informações disponíveis foram obtidas? Foram compartilhadas? Com os países pertinentes? Quais são esses países? Quem os escolheu, afinal? E Khan? Como Musharraf já o havia perdoado e ele já havia confessado tudo o que sabia, qual a razão da manutenção de sua prisão domiciliar e do seu isolamento da imprensa e da Inteligência ocidentais? Hibbs não se ocupou dessas perguntas pela razão, óbvia para seus leitores, de que a investigação fora um encobrimento e uma impostura — de um tipo que só é possível em um país moralmente falido e corrupto, no qual dirigentes covardes e ilegítimos, sustentados por infusões gigantescas de dólares americanos e dependentes dos fuzis dos seus soldados, manipulam os inquéritos autênticos porque eles os implicariam pessoalmente e, com o constrangimento que se seguiria, provocariam o corte da ajuda estrangeira e levariam seu próprio povo, que agora os detesta quase com unanimidade, a tirá-los do poder. O problema para os Estados Unidos, e talvez também para a Europa, está em que os novos dirigentes provavelmente seriam islamistas, que crescem em número e força mesmo no seio dos militares e dos serviços de inteligência. Os iranianos muito possivelmente chegarão antes, mas, se amanhã os islamistas paquistaneses tomassem o poder, seriam os primeiros islamistas nuclearmente armados. Hibbs confiava em que seus leitores sabiam de tudo isso e mais ainda quando escreveu sobre o fim da pretensa investigação. Para mim, em Bonn, ele simplesmente deu um sorriso e disse: "Ah, o Paquistão".

Mas, estritamente em termos de proliferação nuclear, cabe perguntar qual seria o benefício trazido por uma investigação autêntica — como Hibbs sabe com todos os detalhes. Haveria frustrações imediatas porque a rede de Khan cobrira grandes extensões, porque ela operava nas áreas nebulosas das legislações nacionais e porque as promotorias seriam afetadas por simpatias políticas, mesmo quando descobrissem ações inquestionavelmente ilegais. Mais difícil ainda é o próprio caráter dessa rede, que não tem uma estrutura rígida que possa ser quebrada e extinta e se assemelha mais a algo como a internet — uma teia vasta e informal de conexões infinitamente flexíveis, capaz de reformular-se com facilidade e cujo interesse principal está no fluxo do conhecimento. Einstein e Oppenheimer previram essa situação anos atrás, quando advertiram que não havia segredos a proteger: A. Q. Khan não foi propriamente o criador da sua rede de armas nucleares, e sim a pessoa que descobriu ser ela uma condição do mundo atual.

Esse mundo, que foi equalizado pela proliferação de armas nucleares, apresentará complexidades e perigos, porém, uma vez que tais complexidades estão relacionadas com o afrouxamento das alianças e garantias que caracterizavam a Guerra Fria, o risco de um apocalipse pode ter diminuído. O desejo de auto-suficiência, que continuará impulsionando a proliferação, dá a medida de uma nova realidade em que existe a possibilidade de guerras nucleares limitadas, nas quais o emprego de uns poucos artefatos, embora devastador no âmbito local, não se transformará necessariamente em um conflito global. Este é o lado heterodoxo da proliferação, que raramente é objeto de debate público: a proliferação de armas nucleares, mesmo para países como a Coréia do Norte e o Irã, pode não ser tão catastrófica quanto em geral se pensa e certamente não corresponde à categoria de ameaça que justifique a violação das liberdades civis ou a realização de guerras preventivas. Além disso, o que se tem visto é que mesmo os países mais pobres e mais ideologizados se submetem à lógica convencional da dissuasão e hesitarão muito antes de usar suas armas, em função da certeza de uma resposta devastadora — pois eles também têm cidades e infra-estruturas que seriam perdidas. Provavelmente será uma tolice confiar no efeito estabilizador da destruição mutuamente assegurada, como parecem fazer alguns paquistaneses para os quais a guerra com a Índia é, hoje, menos provável do que antes. Mas é um fato que as armas nucleares têm se revelado melhores até aqui como instrumentos políticos do que militares e que, desde a proliferação inicial, a partir dos Estados Unidos, nenhum governante de nenhum país encontrou justificativa para usá-las.

O problema está, naturalmente, em que essa dissuasão pode falhar a qualquer momento.

Mubashir Hassan, o pacifista e ex-ministro da Fazenda do Paquistão, me falou do medo de que o Paquistão, tal como os Estados Unidos, seja o tipo de país que acabe usando bombas atômicas, e me revelou que uma vez perguntou aos líderes do governo sobre as circunstâncias em que eles consideravam justificável o emprego dessas armas.

Um deles disse: "Quando formos suficientemente ameaçados".

"Mas quando nos sentiremos suficientemente ameaçados? Se a Índia tomar Lahore?"

"Não sabemos."

"E se nós lançarmos uma bomba e a Índia nos lançar duas, o que acontecerá?"

"E daí?", disse o homem. "Morreremos todos."

Hassan ficou estarrecido com essa lógica, mas as estratégias alternativas de "não ser o primeiro a usar (a bomba atômica)" só têm credibilidade nos países nucleares mais ricos — não são realistas para países como o Paquistão. Quando um país assim tem a bomba, ele não só deve estar determinado a usá-la, como também a ser o primeiro a usá-la.

Em Islamabad conheci um homem astuto, próximo dos militares, que reconhecia que o risco de uma guerra nuclear aumenta com cada ato concreto de proliferação e que esse risco se multiplica nos países em desenvolvimento, em conseqüência de sistemas de comando e controle fracos, e de governos frágeis e abertamente belicosos. Sua atitude foi, no entanto, similar a um levantar de ombros: assim é o mundo em que vivemos; deixa estar.

Ele disse: "A melhor maneira de lutar contra a proliferação é lutar a favor do desarmamento global. Claro, ótimo, perfeito — se você acha que isso pode acontecer. Mas não é possível sustentar uma ordem internacional em que há cinco ou oito países com armas nucleares de um lado e todo o resto da comunidade internacional do outro. Há muitos lugares como o Paquistão, países pobres que têm preocupações legítimas de segurança — nem um pouco menos legítimas do que as de qualquer outro. E, entretanto, nós pedimos a esses países que resolvam suas preocupações sem armas nucleares, enquanto as potências principais *têm* armas nucleares *e* tudo o mais. Não se trata de saber se isso é justo, certo ou errado. É que simplesmente não vai funcionar".

Ele tem razão. A. Q. Khan já provou uma vez e depois provou mais três vezes. Haverá outros Khans no futuro. Parece perfeitamente possível que se consiga evitar ataques terroristas — embora isso requeira ações governamentais verdadeiramente hábeis —, contudo não há manobra que a longo prazo seja capaz de impedir que nações determinadas desenvolvam arsenais nucleares. Coréia do Norte, Irã; talvez Turquia, Egito, Síria, Arábia Saudita, Brasil. Em certas circunstâncias, pode-se persuadir um país a abandonar um programa nuclear, mas a longo prazo, do ponto de vista global, os programas continuarão. Vista dos Estados Unidos e despojada da indignação pós-colonial, a posição paquistanesa torna-se um argumento não para que se desista da diplomacia da não-proliferação, mas sim para que tenhamos a coragem de aceitar, paralelamente, as igualdades de um mundo que está amadurecendo e no qual muitos países terão bombas atômicas, e alguns poderão usá-las.

ESTA OBRA FOI COMPOSTA PELA SPRESS EM MINION E IMPRESSA
EM OFSETE PELA GEOGRÁFICA SOBRE PAPEL PÓLEN SOFT DA
SUZANO PAPEL E CELULOSE PARA A EDITORA SCHWARCZ EM JULHO DE 2007